本书出版获广东省科技计划重点软科学项目"东莞中子科学城创新发展与建设路径研究"（2019B101001026）资助

Agglomeration Economy,
Spatial Structure and Improvement of
Urban Innovation Capacity

集聚经济、空间结构与
城市创新能力提升研究

张会勤 著

暨南大學出版社
JINAN UNIVERSITY PRESS

中国·广州

图书在版编目（CIP）数据

集聚经济、空间结构与城市创新能力提升研究/张会勤著.—广州：暨南大学出版社，2023.6
ISBN 978 - 7 - 5668 - 3639 - 7

Ⅰ.①集…　Ⅱ.①张…　Ⅲ.①城市经济—国家创新系统—研究—中国
Ⅳ.①F299.2

中国国家版本馆 CIP 数据核字（2023）第 055782 号

集聚经济、空间结构与城市创新能力提升研究
JIJU JINGJI KONGJIAN JIEGOU YU CHENGSHI CHUANGXIN NENGLI TISHENG
YANJIU
著　者：张会勤

出 版 人：张晋升
责任编辑：黄　球　蔡复萌
责任校对：刘舜怡　黄亦秋
责任印制：周一丹　郑玉婷

出版发行：暨南大学出版社（511443）
电　　话：总编室（8620）37332601
　　　　　营销部（8620）37332680　37332681　37332682　37332683
传　　真：（8620）37332660（办公室）　37332684（营销部）
网　　址：http://www.jnupress.com
排　　版：广州市新晨文化发展有限公司
印　　刷：广东广州日报传媒股份有限公司印务分公司
开　　本：787mm×1092mm　1/16
印　　张：11.25
字　　数：200 千
版　　次：2023 年 6 月第 1 版
印　　次：2023 年 6 月第 1 次
定　　价：49.80 元

（暨大版图书如有印装质量问题，请与出版社总编室联系调换）

前　言

　　为全面推动经济发展方式转变,党的十八大作出了实施创新驱动发展战略的重大部署,强调把科技创新摆在国家发展全局的核心位置,并取得了一定成效。与此同时,城市之间创新发展不平衡的问题日益突出,中国创新地理形成了"中心—外围"的格局。本书以创新理论与经济集聚理论为基础,从微观企业创新出发,首先考察大城市创新优势来源的问题,然后进一步从产业集聚视角和空间结构视角考察了城市创新源泉问题,以便寻求创新地理不平衡之原因,从产业布局以及空间形态优化方向提供促进城市创新的政策建议。

　　本书首先从基础理论与现有文献出发,回顾了创新经济地理学的最新研究进展;然后基于新经济地理学、"新"新经济地理学、城市经济学的研究进展,梳理了"集聚效应""选择效应"与创新的研究文献,产业集聚与创新的研究文献,城市空间结构与创新的研究文献以及空间结构与经济集聚的逻辑关系;接着分析了中国经济集聚特征事实与中国创新地理格局现状。发现在产业集聚上存在着各城市专业化优势产业不一,大城市多样化集聚程度高于中小城市的产业集聚特征。在空间集聚上,表现为中国城市普遍存在着蔓延现象,中小城市蔓延更为严重,大城市多中心集聚更多的基本特征。在城市创新上,表现为区域上在东部城市集聚,城市群上在珠三角、长三角、京津冀三大城市群集聚,城市规模上在大城市、特大城市、超大城市集聚的客观事实。由此,本书推断产业集聚特征和城市空间结构特征是导致城市创新地理不平衡的原因。进而,基于中国企业专利申请数据和《中国工业企业数据库》的匹配数据,首先验证了大城市创新优势来源于集聚效应还是选择效应,进一步实证检验了专业化集聚、多样化集聚对城市创新的影响以及其微观作用机制,最后,又实证检验了城市蔓延、多中心集聚对城市创新的影响以及其具体的作用机制。

总体而言，本书进行了大量深入、细致的研究，采用文献研究、统计分析、实证检验等定性与定量研究方法，综合了经济集聚的产业视角和立体空间视角，揭示了城市不仅要注重产业专业化与多元化布局的问题，还要注重空间优化问题，倡导"集约用地"，城市各中心功能错配发展，从而为城市协调发展、提升创新能力提供政策思路。

本书以博士学位论文为雏形，历经多番修改与润色，终成书稿。在写作过程中得到了广东省科学技术厅和暨南大学产业经济研究院的老师与同学的大力支持，在此，要特别感谢我的博士研究生导师——陶锋教授对本书整体结构和框架的指导，以及余壮雄老师、陈林老师、周浩老师、李杰老师对本书逻辑思路以及实证分析方面的宝贵建议，尤其是南京大学经济学院魏守华教授和他的研究生陈扬科同学对本书第6章思路以及指标构建方面提供的无私帮助。此外，也要感谢广东省生产力促进中心的刘洋、张寒旭、韦文求、陈诚、罗梦思、盘思桃等同事对本书进行的修改、整理与校稿工作，同时也要感谢我的同门赵锦瑜博士、邱洋冬博士、吕贤杰博士对本书写作中数据分析及实证检验方面给予的指导和帮助。由于作者水平有限，书中难免存在疏漏与不足，恳请广大读者批评指正。

张会勤

2022 年 11 月于广东省生产力促进中心

目 录
Contents

第①章 引 言

1.1 研究背景与意义

1.1.1 来自现实问题的思考

党的十九大报告指出："创新是引领发展的第一动力，是建设现代化经济体系的战略支撑。"并提出，到 2035 年，我国经济实力、科技实力将大幅跃升，跻身创新型国家前列。城市作为国家经济发展及参与全球经济活动的基本单位，在经济发展与技术创新过程中，起着重要作用，成为区域与国际发展的重要引擎。科技创新能力作为城市发展的灵魂，是城市价值收益和福利财富的源泉，成为城市的核心竞争力，但是中国各城市创新发展差异非常显著。中国科技发展战略小组发布的《中国区域创新能力评价报告 2019》显示，北京、上海、深圳成为创新创业的第一梯队，是当之无愧的龙头城市，其他城市与之差距较大。《中国城市和产业创新力报告 2017》（寇宗来，2017）显示，2001—2016 年，在全国 338 个城市中，东部地区创新指数占比从 2001 年的 61% 上升到 2016 年的 75%，中部地区占比从 21% 下降到 14%，西部地区占比从 17% 下降到 11%。其中，前 10 大城市创新指数占比超过 45%，前 20 大城市占比超过 60%，北京市、深圳市、上海市的创新指数一直稳居前 3。在此期间，中国城市创新基尼系数一直大于 0.76，居高不下，这表明中国创新行为是高度集聚的，创新主要集中在东部沿海城市。2016 年，长三角、珠三角和京津冀三个城市群的创新指数在全国占比 73%，说明中国的创新行为主要发生在这三个区域，创新行为表现出极度的地区不平衡。另外来自文献的证据也证明了创新地理集中的现象。张玉明和李凯（2007）基于 1996—2005 年中国省级专利产出数据对中国创新产出空间分布进行分析，发现中国创新产出呈现空间集聚的特点，主要集中在东部沿海省份。马静等（2018）基于城市专利产出数据的研究表明，中国的创新产出主要集中在沿海大城市。中国创新地理为什么表现出如此明显的集中现象？或者说为什么城市之间创新能力存在如此大的差异？

从经济集聚①的现实来看，2016 年，东部城市在我国国内生产总值中的占比达到 63.08%，中部城市为 19.57%，西部城市仅为 17.35%。东部城市在工业总产值中的占比达到 66.62%，中部城市为 18.8%，西部城市为 14.57%。受益于得天独厚的地理位置和改革开放优势，东部沿海城市长期以来都是我国产业的集聚地，尤其在创新较为突出的高新技术产业，具有明显的集聚优势。2018 年，东部地区高新技术产业企业数目达到 22 147 家，占全国总数的 65.97%，分别为中部地区的 3.43 倍，西部地区的 5.51 倍，东北地区的 23.12 倍。其中医药制造业、电子及通信设备制造业、计算机及办公设备制造业、医疗仪器设备及仪器仪表制造业 4 个高新技术产业从业人员数，东部地区达到 70.32% 的比例，中部地区为 17.29%，西部地区为 10.45%，东北地区为 1.93%。这说明东部地区经济集聚趋势非常明显，而且在技术含量较高的产业分布上也占有绝对优势。创新作为经济活动的一个缩影，这些产业集聚地区也是创新活跃地区和研发中心，产业集聚与创新形成了良性的互动。由此，引发了笔者的思考：产业集聚能促进创新吗？什么样的集聚模式促进创新？进而通过什么样的机制促进创新？

与中国城市创新发展、经济增长相伴随的还有中国城市空间布局问题。改革开放以来，我国城市经历了高速发展，尤其在"新城镇规划"战略规划下，城镇常住人口占比从 1978 年的 17.9% 提高到 2017 年的 58.5%。但城镇化并没有带来城市人口同步增长的现象，事实上，大部分城市都存在土地扩张速度远远超过人口密度和就业密度增加速度的问题。与 2001 年相比，2016 年中国城市建成区面积累计扩大 1.46 倍，人口密度下降 25.6%，就业密度下降 22.3%。分区域来看，东部城市建成区累计扩大 1.82 倍，就业密度下降 20.5%；中部城市建成区累计扩大 1.16 倍，就业密度下降 27.04%；西部城市建成区累计扩大 1.36 倍，就业密度下降 13.33%。这表明我国城市普遍存在蔓延现象，即城市以中心城区为中心，在平面上低密度连续扩张的一种空

---

① 根据本书的逻辑结构，经济集聚代表产业集聚和空间上的集聚形态（空间结构）。在研究经济集聚的众多文献中，集聚经济、集聚效应、集聚外部性代表含义相同，均指企业或者个人在城市或者产业集群的邻近分布中所带来的经济收益，本书在后续章节，根据不同的语境交替使用。

间形态，这种城市扩张方式通常伴随着耕地减少、资源浪费、污染加剧等社会问题，另外还会造成经济密度的下降，不利于经济集聚的发生。

在城市扩张的过程中，也存在另外一种扩张现象，即在城区之外，有些更远的地方比更近的地方优先获得开发，形成不连续的蔓延，通过"蛙跳"形成城市的新中心，也就是说城市扩张还存在另外一种形式——多中心集聚。这种空间形态形成以中心城区为主，以多个功能中心为辅的"中心—次中心"空间集聚模式，对城市生产率、创新能力、经济增长具有更积极的影响。典型的如北京，不仅形成了以东城区和西城区为政治中心、服务中心的中心城区，还在外围形成了顺义、亦庄、大兴等制造业集聚区，石景山的创意产业集聚区及昌平的大学城等功能区。再如深圳，形成了以福田区、南山区、罗湖区为中心城区，宝安区、龙岗区为制造业次中心，盐田区为旅游海港物流次中心的多中心空间模式。不仅这些一线城市形成了这种多中心集聚模式，许多新一线城市如南京、郑州、武汉、天津、大连，以及二线城市如厦门、福州、佛山、温州，甚至一些三线城市如江门、洛阳、扬州、芜湖也形成了多中心集聚模式。从城市平面上的蔓延向立体的空间集聚成为城市发展的普遍趋势（魏守华等，2016）。因此，在中国城市高速发展的过程中，究竟哪种空间集聚模式更符合可持续发展战略？哪种空间集聚模式更有利于城市经济增长和创新能力的提升？

1.1.2　现有文献的启示

从新经济地理学角度来看，经济集聚确实是导致城市创新差距的重要原因。目前已有众多文献研究（梁琦，2003；陈建军等，2011）表明，中国区域经济发展呈现出以东部沿海城市为集聚中心，中西部地区为外围的特征。一般经济集聚的区域也正是创新产出较多的区域，经济集聚外围地区也正是创新能力较弱的区域，这在一定程度上也说明了经济集聚有利于创新产出。当前也有诸多文献从集聚外部性角度入手给出了答案（Beaudry & Breschi，2003；Storper & Venables，2004；梁琦，2006；邬滋，2010；彭向、蒋传海，2011；程中华、刘军，2015），但是正如"新"新经济地理学所说，忽略企业异质性带来的选择效应可能导致集聚效应的高估问题，考虑企业异质性的影响，可能使创新地理变得更加复杂。虽然聚焦生产率的文献已经认识到选择效应的存在性（Venables，2011；刘海洋等，2015；王永进、张国峰，2016），但忽视了对技术创新中选择效应的检验。只有效率高的大企业才能负担得起研发费用，大企业更能消化创新失败问题（熊彼特，1942）。低效率企业可能由于人才的不匹配、资金的供应不足，面临创新难题，在竞争激烈的经济集聚区可能会有更高的淘汰率（De Silva & McComb，2012）。因此，基于选择效应的考虑，低效率企业由于大城市的激烈竞争，选择"逃逸"到中小城市，内生的"优胜劣汰"法则导致大城市处于创新的顶端，而小城市处于创新弱势地位。因此，大城市的创新优势来自集聚效应还是选择效应，这是值得深思的问题。

虽然学术界广泛认同集聚对创新的推动作用，但是对于哪种集聚外部性促进创新却存在争议，长久以来也并未达成一致观点。而且现有研究多集中在宏观层面，缺少对集聚外部性微观企业作用机制的探讨。产业集聚通过什么样的传导机制作用于微观企业创新，进而影响创新地理格局？在创新价值链的不同阶段，影响作用是否一样？加之企业异质性的考虑，不同规模企业、不同所有制企业以及不同技术水平行业其传导机制是否相同？另外现有文献也缺少将产业集聚及其三种作用机制同时进行考察的研究，但是基于中国劳动力二元市场、制造业长期处于价值链末端等基本情景，劳动力池、知识溢出、产业关联的三个作用渠道是否都能起到作用？或者说哪个更能起作用？这是当前文献较为忽略的问题，在目前创新议题下亟待关注。

集聚经济产生的优势程度不仅表现为经济要素的数量，也取决于要素和人口在空间上的分布格局，从产业集聚上表现为集聚水平，从城市空间结构上表现为城市城区内部人口或者就业的密度（刘修岩等，2019）。在当前经济集聚的实证检验框架下，诸多文献多从经济集聚单一平面的集聚特征或者集聚效应检验要素的空间集聚对经济效率的影响，相对忽略集聚的空间形态对经济的影响（孙斌栋、丁嵩，2017），缺少直接从空间结构视角验证城市内部空间结构与经济效率关系的文献（刘修岩等，2017a）。空间结构作为要素集聚在城市层面经济与不经济的空间组织方式，尽管经典的经济集聚理论没有说明城市内部空间结构对经济效率的影响，但其内涵指明空间上的组织方式能够影响经济效率（刘修岩等，2019）。

近几年的文献从空间结构与生产率、经济效益、收入差距等方向进行了解读（魏守华等，2016；刘修岩等，2017a；刘修岩等，2017b；秦蒙等，2019），但对于技术创新方向的探索还较少。蔓延的空间形态"摊大饼"式的扩张形式，不仅扩大了城市半径，也延长了通勤距离，降低了市场可达性，稀释了经济集聚效应，从而不利于创新社会资本与创新创意人才的吸收。多中心集聚的空间模式由于便利的基础设施，次中心的集聚效应，更加完善的城市功能体系，中心城区的服务业交互效应，对创新创意企业以及创新人才可能更具有吸引力，更有利于企业创新的发生。因此，城市蔓延是否抑制了企业创新？相应地，多中心集聚是否更能促进创新？其中的作用机制又是什么？这是当前城市创新议题下和城镇化战略下必须面对的问题，需要给予应有的关注。

综上所述，本书依据当前创新地理空间格局、产业集聚现状、城市空间集聚模式的现实背景，以及现有文献的研究不足，从微观企业创新角度，首先探索大城市创新优势来源于集聚效应还是选择效应、进一步再分别从产业集聚角度探索专业化外部性与多样化外部性促进城市创新的微观作用机制与溢出渠道，以及从城市空间结构角度探讨城市蔓延与多中心集聚对企业创新的影响及具体作用机制。本书的研究意义主要体现在以下三个方面：①丰富了创新地理经济学的研究文献。本书结合新经济地理学、"新"新经济地理学和城市经济学的基础理论及最新研究文献，从经济集聚的产业布局与城市空间形态角度对中国创新地理格局进行了深入分析和实证研究，是对现有文献的有益补充。②为政府协调区域发展平衡及提升城市创新力提供参考依据。本书的研究可为政府从产业布局角度和城市空间规划角度提供思路，从而在协调区域发展不平衡，增强中小城市创新能力问题上提供更多政策参考依据。③为企业制定创新管理战略和选址提供参考与咨询。当前，在全球化开放创新的背景下，如何构建和完善创新管理战略和制度，对中国企业转型升级和提升国际竞争力具有重要战略意义。本研究对企业在城市之间及城市内部优化创新活动选址、促进隐性知识吸收、构建创新网络和突破地区创新障碍等方面均具有参考价值。

1.2　研究内容

本书的核心内容在于探究大城市的创新优势来源于集聚效应还是选择效应，产业集聚影响创新地理的微观作用机制，以及城市空间结构对创新地理的影响及作用机制，因此研究内容可归纳如下：

第 1 章导论部分，介绍本书的研究背景、探索的问题、研究方法和可能的创新点。

第 2 章对现有研究进行归纳概述，从四条线出发来梳理相关文献。第一条线，创新相关理论，尤其是创新地理经济学最新进展和研究方向；第二条线介绍了经济集聚相关理论，其中新经济地理学和"新"新经济地理学相关理论是本书的重点理论，然后对集聚效应、选择效应与创新相关研究进展进行了梳理；第三条线回顾产业集聚模式及集聚外部性溢出渠道与创新的相关文献研究；第四条线梳理了城市经济学的相关理论，并对经济集聚、空间结构与创新之间的关系进行了梳理分析，对空间结构与创新的前沿研究进行了回顾与总结。

第 3 章为经济集聚事实特征与创新地理格局分析。本章首先从产业集聚方向与空间结构角度对当前经济集聚的特征进行统计分析，然后分别使用城市创新指数、企业专利数据、城市专利数据对当前城市创新从区域角度、城市群角度、城市规模角度、城市行业角度作了统计分析，以便更清楚观察到当前经济集聚特征与创新地理局势之间的关联。

第 4 章对大城市创新优势来源于集聚效应还是选择效应进行实证分析。本章首先在 Combes et al.（2012a）模型基础上构建了包含经济集聚和创新的理论模型，然后使用 NLS 方法（基于格点搜索的非线性最小二乘法）对大城市创新优势中的集聚效应和选择效应进行识别分析。

第 5 章从产业集聚角度探索专业化、多样化集聚对城市创新的影响及其作用机制。本章首先对集聚外部性的溢出渠道进行了理论分析，然后基于专业化集聚与多样化集聚的构建指标，从微观企业科研创新和产品创新入手检验产业集聚的传导机制，并构建劳动力池、知识溢出和产业关联的溢出指标，检验集聚外部性的具体溢出渠道。

第 6 章从空间结构角度探索城市蔓延、多中心集聚与城市创新的关系及其作用机制。本章首先对城市蔓延、多中心集聚与创新的关系进行了理论分析，然后基于城市蔓延指数和多中心集聚指数的构建指标，使用企业微观数据，对城市蔓延和多中心集聚对创新的作用进行了实证检验，最后分析了城市蔓延抑制企业创新、多中心集聚促进企业创新的作用机制。

第 7 章在集聚经济框架下针对中国城市创新能力提升提出切实有效的政策建议并进一步总结归纳全书的研究结论，指明了未来的研究方向。

1.3　逻辑结构说明

本书以创新理论与经济集聚理论为基础，着眼于微观企业创新，首先考察了大城市创新优势来源的问题，然后进一步从产业集聚视角和空间结构视角考察了城市创新源泉问题，以便寻求创新地理不平衡之原因，从产业布局以及空间形态优化方向为政府提供促进城市创新的政策建议。本书试图回答以下三个问题：①基于不同的城市规模比较分析，大城市创新优势来源于集聚效应还是选择效应？②如果集聚效应是促进大城市创新的主要原因，则产业集聚模式在其中起着什么作用？城市制造业产业应该选择专业化集聚还是多样化集聚？其中的作用机制又是什么？③在经济集聚框架下，当前研究多从产业集聚水平上探讨对创新的影响，但集聚经济产生的优势程度从产业集聚上表现为集聚水平，而从城市空间结构上则表现为城市内部人口或者就业的密度（刘修岩等，2019），也即城市空间结构的问题——单中心、城市蔓延抑或是多中心（"蛙跳式"蔓延）之间的争论。空间结构上的差异导致集聚经济的不同，进而又反映到城市经济效益上，如对城市创新活动的影响。因此，哪种空间结构模式更能促进城市创新，也是经济集聚框架下值得研究的问题。在后续实证章节中，第 4 章是对集聚经济（集聚效应）与城市创新之间关系的验证，第 5 章与第 6 章分别从经济集聚的产业集聚视角和空间结构视角进行进一步的实证检验，三部分核心章节之间是总—分—分的逻辑关系。

第②章　集聚经济、空间结构与创新研究

2.1　创新经济地理学相关研究

2.1.1　熊彼特创新理论

经济学家熊彼特（1912）在其经典著作《经济发展理论》中率先提出了创新的概念，认为创新是一种新知识的生产过程，是对已有的生产要素与新的生产要素进行组合。在熊彼特看来，引进新产品、采用新方法、开拓新市场、控制原材料的供给源，或执行一种新的工业组织形式，都可以称作创新。生产要素的重新组合就是建立新企业的过程，企业家就是履行这一职能的人，"企业家的成群出现正是经济繁荣的原因"。

继熊彼特之后，将新古典经济学与熊彼特创新理论相结合的技术创新经济学对创新进行了重新定义。Mensch（1976）的长波理论将创新分为了产品创新和工艺创新，认为产品创新是推动经济增长的主要动力。Freeman（1987）则肯定了政府政策在创新中发挥的作用，强调科学政策对创新的引致作用，合理的激励措施是促进发明和创新的基本保障。Kamien 和 Schwarz（1982）重点关注了市场竞争强度、企业规模与技术创新的关系，并指出最有利的市场结构是介于垄断竞争和完全竞争之间的状态。

2.1.2　创新经济地理学的发展

虽然熊彼特创新理论对创新的概念已经作了很好的描述，但是关于知识的生产过程仍然不甚清晰。Arrow（1962）最早阐明了知识的累积过程及其含义。Jaffe（1986）开创性地提出了知识生产函数的概念，基于地域技术的相似性定义了地理相似指数，证实了跨区域知识溢出对创新的重要性。Jaffe

（1986）的知识生产函数不仅打开了知识生产过程的暗箱，也将创新的概念从企业角度引向了空间维度。基于 Krugman（1991）提出的新经济地理学理论，Feldman 和 Florida（1994）的研究指出，不仅生产活动呈现出空间集中，创新活动也呈现出空间集聚现象。Feldman 和 Florida（1994）的这一发现催生了大量从区位和地理空间对知识溢出和创新过程进行研究的文献，成为当时研究热点。Polenske（2007）在麻省理工学院主持的创新地理学研讨会上，提出了创新经济地理学的概念。之后，创新的地理学概念不断被提起，创新的地理属性也被学者所熟知，但是到目前为止，创新经济地理学仍旧是碎片化的研究，不成系统。从研究阶段及研究热点关键词来看，创新经济地理学的研究问题主要集中在以下几个方面：

2.1.2.1　创新经济地理学的基本概念与基本分析框架

这一方向上的研究关键词集中在区域创新、本地学习上。Cooke（1992）在其著作《区域创新系统：全球化背景下区域政府管理的作用》中，对区域创新体系的概念作了详细的解释，认为区域创新体系是由在地理上相互分工与关联的生产企业、研究机构和高等教育机构等构成的区域性组织系统。随后，Asheim 和 Isaksen（2002）、Davis 和 Weinstein（2002）、Buesa（2006）也对区域创新体系进行了定义，认为区域创新体系是由企业、高校及科研院所、政府等主体要素构成的创新成果形成、利用、生产、传播的组织网络。区域创新理论包含了区域性、多元性、网络性、毗邻性、政策性的特征，已经具有了创新的地理属性特征，可以被看作创新经济地理学的理论起源。Wiig（1995）认为区域创新体系涵盖了在一定区域范围内，为实现创新目标，政府、企业、科研机构等主体通过人才、资金、技术投入，推动制度、科技、管理等内容创新，不断优化环境、创新产品、提升产业而形成的创新主体相互转换、创新内容相互作用、创新投入相互支撑的系统。Storper（1993）指出，全球经济由众多技术区组成，区域需要加强学习和创新，才能保持技术优势和融入全球生产网络，全球经济的增长关键在于技术区的开放程度。Audretsch 和 Feldman（1996）认为产业中的创新在地理上具有集中性，新经济地理学倾向于确定这些创新活动的空间格局。Morgan（2007）论述了学习区构建与区域创新政策的重要性。

国内学者王缉慈（1999）从知识与创新、技术进步与区域政策、全球化和本地化、新产业空间与创新环境等方面，论述了区域政策与区域创新的问题。曾刚和袁莉莉（1999）以长三角为例论述了技术扩散对于区域创新的重要性，指出了长三角技术扩散的规律。

2.1.2.2　创新主体之间地理特征相关研究

这一方向主要围绕产业集群、邻近性、知识溢出、空间溢出、空间格局等关键词展开。Von Hippel（1994）提出"知识粘性"概念，认为知识的传播成本会随着距离的增加而增加。Feldman 和 Florida（1994）认为企业在一定范围内与大学、工业和相同行业的共同存在，对创新具有积极影响。Kose 和 Moomaw（2002）指出 R&D 溢出和 R&D 强度对区域经济增长有关键作用。Boschma（2005）指出地理邻近对区域创新作用有限，可能会引起区域企业的技术依赖，造成技术锁定。Gertler（2003）探讨了隐性知识的生产、搜寻和共享，对隐性知识的主流隐性和显性经济地理进行批判分析，重点分析了隐性知识和制度之间的关系。Giuliani（2007）通过对意大利和智利三个葡萄酒集群中知识网络结构特性进行分析发现，尽管存在产业集群，但创新以高度选择性和不平衡性的方式扩散，比起邻近性，企业自身特征在学习和创新过程中更为重要。Black（2005）研究认为，地理区域的大小、与其他公司的距离对小企业获得创新奖具有积极影响。Fischer et al.（2006）认为知识溢出的生产力随着距离的邻近而增强。Howells 和 Bessant（2012）研究了经济地理学和创新理论之间的发展和联系，指出知识溢出对创新地理的影响高度依赖于所在空间情境的结构因素。Crescenzi 和 Rodriguez（2007）对比了欧盟和美国的创新差距，指出美国的创新优势来源在于资本、人口和知识的较高流动性，不仅促进了该国特定地区研究活动的集聚，还使各种地区机制能够充分利用当地的创新活动和协同效应。Wood 和 Dovery（2015）研究表明，创新区域具有社会经济多样性、功能多样性以及空间形态多样性。

国内学者赵勇和白永秀（2009）梳理了集聚、创新和区域增长的文献，指出知识溢出是解释经济集聚、创新和区域增长的重要概念之一。王缉慈（2004）指出产业集群是产业发展的高级阶段，对于提高企业竞争能力和创新能力有着关键作用。刘友金（2006）认为集群式创新是提升中小企业创新能力的重要方式，产业的集群可以实现创新的集成。Anselin（1988）空间计量经济学的兴起，也催生了国内大批从空间关联研究创新的文献（余泳泽、刘大勇，2013；赵增耀等，2015；白俊红、蒋伏心，2015），这类文献认同创新的空间溢出效应，以及邻近经济要素对本地创新的空间溢出作用。

2.1.2.3　全球创新网络的构建与研究

这一方向的研究主要集中在全球与本地联结、创新网络、价值链等热点问题上。全球价值链分工促进了全球创新网络的形成，在这一网络内，国际知识溢出突破地理距离的限制，对企业创新活动的地理格局以及创新活动的国际化也会产生重要影响。Bathelt 和 Cohendet（2014）认为本地知识制造、全球知识获取对区域创新同等重要。Huggins 和 Thompson（2014）指出本地网络和全球网络共同决定区域经济的发展。Fitjar 和 Huber（2014）认为全球网络、国家网络、区域对企业创新都有重要作用。Agrawal et al.（2011）认为国际移民网络正是发展中国家获取外部知识和推动创新活动国际化的一个关键渠道。国内学者基于创新网络、企业价值链的方向也有一些重要发现。倪鹏飞等（2011）认为在全球化背景下，城市的创新能力不仅来自内部平台构建，城市之间的全球联系也至关重要。李梅和余天骄（2016）认为研发国际化对我国企业创新能力提升具有重要作用。

2.2　集聚效应、选择效应与创新研究

2.2.1　集聚效应、选择效应理论基础

最早研究集聚现象的是 Marshall（1890），他继承了亚当·斯密的分工理论，将经济空间集聚的原因概括为三个方面：一是厚的劳动力池，当大量厂商聚集在某一区位时，最终会形成一个大的劳动力池，有利于厂商和劳动力之间的匹配，极大地减少了企业的搜寻成本。二是中间投入共享，众多产业在某一区位布局，有利于培育专业的供应商并彼此共享，形成完整的上下游产业链，并能节省交通运输成本。三是技术外溢，比起穿过街道，信息穿过走廊更容易，距离的远近对于信息的传播有着重要影响，产业的空间集聚有利于企业间知识的传播。Weber 的区位理论（1929）从微观企业区位选择出发率先使用了"集聚经济"一词，他把产业集聚的原因归为技术创新发展、专业化发展的劳动力市场、健全完善的市场体系以及低廉的交易成本。Hoover（1971）在《区域经济学导论》中将产业集聚看作一种高度集聚的区位结构，把"集聚经济"分为本地化经济和城市化经济，本地化经济强调来自产业内的集聚效应，城市化经济强调来自产业间的集聚效应。

从空间经济学的角度出发，以 Krugman（1991）为代表的新经济地理学，分析了地理距离和规模报酬之间的平衡关系，将"集聚经济"纳入主流经济学的框架，构建了标准的经济学理论模型，对产业集聚的产生机理作了探讨。

新经济地理学认为，产业集聚和收益递增之间存在着良性的互动关系，产业之所以形成空间上的集聚则是向心力与离心力相互博弈的结果，这也就是"中心—外围"模型的理论基础。在企业进一步扩大规模的过程中，"冰山"型运输成本是企业不得不考虑的问题，为了减少运输成本，生产厂商会选址在靠近市场的地方，而市场位置往往又取决于制造业的分布。基于 D－S 的垄断竞争框架，新经济地理学很好地解释了经济外部性与经济集聚之间的内生互动关系，奠定了集聚经济在空间经济学的地位。

引入地理因素的新经济地理学讨论了微观主体内生决定从而引发经济集聚的问题，但是由于其在模型中假定企业和劳动力都是同质的，从而也引发一些问题。在"新"新贸易理论出现之后，地理异质性和企业异质性问题也被纳入新经济地理学的原有框架，在很多研究主题上出现了新的解释渠道，引发了当前的讨论热潮，这类文献被称作"新"新经济地理学（Ottaviano，2011）。现有文献主要集中在融入冰山运输成本的 DCT（垄断竞争）框架和 OTT 框架（Ottaviano et al.，2002），讨论企业在消费者异质性、企业异质性、劳动力异质性上的不同表达，探索经济活动的空间分布和集聚过程。在经济活动的空间布局上，除了新经济地理学所刻画的"集聚效应"之外，强调异质性的"选择效应"也是不能忽略的问题，过去新经济地理学的同质性假设是不必要的，甚至是"有害的"（Baldwin & Okubo，2006）。"集聚效应"与"选择效应"之争，其实也正是新经济地理学与"新"新经济地理学之争论。

2.2.2　集聚效应、选择效应与创新

2.2.2.1　集聚效应与创新

其实熊彼特（1912）早在其《经济发展理论》一书中，就已提及集聚与创新的作用。按照熊彼特的定义，创新就是"一种新的生产函数"，把从未出现过的生产要素和生产条件的"新组合"引入生产体系。熊彼特提出，创新具有集群效应，在产业结构上，创新往往倾向于某些部门以及与之相关的部门。以 Marshall（1890）为代表的新古典经济学理论认为，自然禀赋、市场潜能、外商投资、人力资本水平、工资水平、研发投入、市场环境等第一类自然优势是经济集聚影响创新的重要因素。他发现在一个拥有浓厚创新氛围的企业集聚区域，新的生产工艺和新的技术往往会得到迅速传播，并被周边企业快速接受。对此，他作出了解释，认为这种创新差异是由集聚外部性带来的。从新经济地理学角度来看，集聚经济的存在促使创新活动的空间集聚，

空间集中的存在不仅降低了创新活动内在的不确定性，而且使企业间知识的交流变得更加频繁，尤其是降低了发明创造和产品转化的成本，进而促进集群创新网络的发展与创新产出的增长（Jaffe et al.，1993；Audretsch & Feldman，1996）。

之后的研究，如 Beaudry 和 Breschi（2003）也认为与其他创新者在空间上的邻近、交通成本的节省、信息时滞的缩短以及知识和技术的外溢都为集聚区企业技术创新提供了肥沃的土壤，于是企业在集聚空间上比在外部孤立环境下更容易有创新产出。Storper 和 Venables（2004）研究表明，集聚可以提供便利的面对面交流，促进知识溢出。Carlino et al.（2007）以城市就业密度衡量城市集聚，发现人均发明专利量与城市就业密度正相关。国内目前也有一些文献从集聚外部性角度验证了集聚确实有利于创新（梁琦，2006；邬滋，2010；彭向、蒋传海，2011；程中华、刘军，2015）。研究表明，一个城市的规模越大或者人口越多，该城市经济越集聚，在集聚外部性的作用下，从而越有利于企业创新。值得注意的是，尽管经济集聚可以促进企业创新，但是不同效率的企业从集聚中获益的程度是不同的（Combes et al.，2012a）。因此，在考虑集聚效应对创新的影响的同时，也需要考虑因企业效率不同带来的集聚效应异质性，或者说高创新企业的增强效应（李晓萍等，2015）。

2.2.2.2　选择效应与创新

正如"新"新经济地理学所说，忽略企业异质性，可能会带来错误的归因问题以及集聚效应的高估问题。有关生产率方面的研究文献最先注意到了这个问题。Baldwin 和 Okubo（2006）证明了高效率的企业会主动选择到竞争更为激烈的大市场中去。Venables（2011）发现低效率企业无法在竞争程度激烈的地区生存。刘海洋等（2015）则证明中国集群地区的生产率优势来源于选择效应而不是集聚效应。王永进和张国峰（2016）的研究表明，集聚效应和选择效应都显著提高了开发区的生产率水平。以上探究生产率优势来源的文献重在探究"选择效应"对生产率的直接作用，但并未对"选择效应"与生产率的中间介质——技术创新的关系给予证明。技术进步正是生产率增长的"源泉"，通常而言，效率高的企业，研发投入也相应较高，新技术的开发会进一步促进效率的提高，进而形成良性运行机制。但二者仍然在要素资源投入上、产出方式上有所不同，技术上的创新比生产率上的进步要求相对更高，因此仍需对选择效应与创新差距之间的关系进行进一步的探究。

基于"新"新经济地理学的思想，一部分本来创新产出较高的企业选择了大城市，或者说一些低效率企业逃逸到小城市中去，"物以类聚，人以群分"，从而造成大城市创新产出较高的现象。因而，即使没有集聚效应，基于"新"新经济地理学企业异质性的选择效应也可能促使大城市形成较高的创新产出。大城市是优质生产要素的集聚地，经济活动密集度大，高效率的大企业及一些具有竞争力的中小企业为获得更大的市场更愿意到大城市去，而低效率企业为规避大城市的激烈竞争，"逃逸"到中小城市，内生的"优胜劣汰"法则导致大小城市在经济上、生产率上以及科技创新方面的差异（Baldwin & Okubo，2006；Okubo & Forslid，2012）。熊彼特假说（1942）也提到，只有效率高的大企业才能负担起研发费用，较大而且多元化的企业可以通过大范围的创新消化失败。而低效率企业更加注重生存问题，在生产活动中往往从事更多的加工贴牌等生产活动，发展的重点是适应市场、模仿和修改现有的创新，而不是真正的熊彼特式创新（Zisuh，2007），很难产生创新"追赶行为"。再加上研发创新具有周期长、投资高、风险大的特点，低效率企业由于资金与人才上的限制，面临创新难的问题。

在最新的实证文献方面，De Silva 和 McComb（2012）的研究发现，在半径一公里的集群地，新建公司有更高的死亡率。特别值得一提的是 Fang（2020）的研究，基于美国专利商标局（USPTO）的专利申请和引文数据，通过使用分位数估计方法分离出了马里兰州在创新不同百分位数上的集聚效应和选择效应，研究发现，在半径一英里内，集聚程度高于中位数的地区，专利机构专利申请的数量增加了 31.2% ~ 31.5%，而非创新企业在集聚中心区域生存的可能性降低了 1.3%，说明了集聚区域选择效应的存在性。因此，基于"选择效应"的考虑，创新能力高的企业会优先选择竞争更为激烈的大城市，而创新能力低的企业会定位于小城市以逃避激烈的市场竞争，从而带来大城市的创新优势。

2.2.3　测量方法研究

既然集聚效应不是大城市创新优势的唯一来源，则基于新经济地理学测度经济集聚和城市经济的传统方法可能会造成集聚效应的高估（Ottaviano，2011；Combes et al.，2010），因此，如何准确识别集聚效应与选择效应就成为"新"新经济地理学讨论的核心问题。传统的计量方法由于忽略选择效应，会导致集聚效应的高估，并且采用一般的计量回归方程进行估计，也难以回避内生性问题。Combes et al.（2010）等的实证研究采用工具变量方法（IV）

来克服选择效应所带来的内生性问题，间接证实了选择效应的存在，但是该方法无法定量测度选择效应。其后的研究如 Behrens et al.（2014）、Behrens 和 Nicoud（2014）也存在同样的问题。Okubo 和 Tomiura（2012）使用日本制造业企业普查数据，采用企业生产率对数值分布尾端的截断方法，通过估算在不同区域中，相同产业部门企业生产率分布特征及其变化，以及分布特征（Gamma 系数）与集聚变量、市场规模变量之间的相关性，识别出明显的集聚效应，但是选择效应却不显著，原因可能在于估算中误差的存在（Combes et al.，2012a）。

Combes et al.（2012a）在 Melitz 和 Ottaviano（2008）的异质性企业的假定基础上构建了嵌套模型，将企业选址模型与标准集聚模型相结合，采用"优胜劣汰"的原则，即把选择效应理解为中小企业的"逃避行为"，而把集聚效应理解为集聚经济及本地自然优势不同程度地提高了所有企业的生产率。在此基础上提出了"无条件分布特征—参数对应"方法，即从分布的移动、伸缩、左尾特征三方面比较大市场与小市场的生产率分布，然后测算出了集聚效应和选择效应对生产率分布的影响差异。这种分析方法通过在不同企业生产率分布截尾上的差异识别选择效应，避免了由于误差而掩盖选择效应，而且避开了回归结果依赖于不同控制变量的问题，成为当前辨别集聚效应与选择效应的热门方法（刘海洋等，2015；王永进、张国峰，2016；李晓萍等，2015；陈强远等，2016；张国峰等，2017；张国峰、王永进，2018）。但是也有文献（余壮雄、杨扬，2014）认为"无条件分布特征—参数对应"方法的目标方程较为复杂，而且在使用 Newton - Raphson 等迭代方法求解过程中，很难保证解的收敛性以及正确性。

另外，分位数估计法也是识别选择效应的常用方法。如梁琦等（2013）使用分位数估计方法，识别出了异质性企业定位选择行为，并认为选择效应是影响地区生产率差距的重要原因。刘海洋等（2015）通过分位数估计方法识别出了集聚区域的选择效应和集聚效应，并认为中国集群地生产率优势来源于选择效应而不是集聚效应。Fang（2020）通过使用分位数估计方法分离出了马里兰州在创新不同百分位数上的集聚效应和选择效应，说明了集聚区域选择效应的存在性。但也有文献认为分位数估计方法无法回避内生性造成的偏误问题，从而不能较好地控制集聚效应和选择效应的影响（张国峰等，2017）。

除上述两种方法之外，余壮雄和杨扬（2014）提出了混合格点搜索的

NLS 估计方法，识别出了大城市生产率的优势来源。这种估计方法优点在于能降低最优化目标函数的非线性程度，在迭代求解过程中能有效地找到最优解，简化了求解过程。这也为本书分析城市创新差距来源提供了思路。

2.3　产业集聚与创新研究

2.3.1　专业化集聚与多样化集聚的内涵和定义

Marshall 在其著作《经济学原理》中将集聚描述为两种类型，即单一产业群居和多产业杂居，学术界进一步将两种类型界定为专业化（MAR 外部性）和多样化（Jacobs 外部性）。专业化集聚强调同一产业内部的知识溢出和垄断的市场结构是创新和经济增长的来源。在 Marshall 之后，以内生经济增长为理论基础，Arrow（1962）提出"干中学"，即在生产及物质积累过程中获得的技术溢出是技术创新的重要来源。接着，Romer（1989）继承其思想，将技术进步内生化，认为技术进步来源于有意识的 R&D 投入。在此基础上，Glaeser et al.（1992）提出 MAR（Marshall + Arrow + Romer）外部性的概念，认为专业化是外部性实现的基础。随着专业化人力资源在专业化分工体系中的流动，默示隐性知识及技术溢出将获得更好的延展。在 MAR 外部性作用下，企业在区域内的选址锁定将促使长期内的空间内企业聚集不断持续，从而使得区域内产业链环节连贯成熟。在此情况下，产业链环节内的技术创新可进一步加强其各环节企业的专业化程度，从而有助于产业的发展及结构优化。因此，产业集聚所产生的 MAR 外部性能够对产业带来趋于正向的作用。而产业的专业化发展、结构优化与规模扩增，将能够使经济增长质量稳定提高。

多样化集聚强调不同产业间的差异化和市场竞争，更能促进经济个体之间互补交流，从而产生更多创新回报。Jacobs（1969）认为，多样化产业间互动，交叉领域的碰撞所形成的技术溢出、渗透，是技术创新的重要来源。多样化产业的区域内集聚，能够促使精细化分工的实现。生产性服务业中的高端人才具有高适应性、高转换能力，在不同产业间流动可加速技术融合。于是，互补性的产业在区域内通过专业化人才的知识共享，知识溢出能够跨行业渗透。并且，多样化产业的聚集，可以使区域内形成协作、分工、竞争的网络，激励企业在竞争与跨领域碰撞中获得技术创新，也能够刺激关联产业的结构优化，从而有利于经济发展。

2.3.2　专业化、多样化与创新研究

由于选取样本的地理范围、行业性质、时间跨度等存在差异，究竟哪种外部性可以促进创新，目前的文献研究并没有给出定论。一部分文献认为专业化的劳动力、交流合作更能促进生产率与创新的进步。Baptista 和 Swann（1998）基于英国 1975—1982 年制造业企业微观数据的研究支持了专业化外部性，但是多样化外部性作用不显著。Henderson et al.（1995）的研究表明产业集聚具有行业异质性，相对于机械行业，专业化溢出对高科技部门的生产率具有更显著的正向作用。当然也有学者持反对观点，认为不管是工业、服务业还是高新技术产业，专业化集聚均会抑制创新（Combes，2000）。也有部分文献认为多样化的互补性更能促进创新，如 Audretsch 和 Feldman（1996）使用美国城市产业和企业两个层次的数据，回归发现互补性行业越多，创新产出也越多。Cingano 和 Schivardi（2004）对欧洲、北美等地的研究也得出了类似的结论。但要注意的是，当多样化过度集聚时，由于知识吸收水平的差异，反而会引起反作用（Nooteboom et al，2007），Anderson et al.（2005）的研究也表明多样化显著抑制了企业创新。也有一部分文献认为专业化外部性与多样化外部性均有利于创新。Paci 和 Usai（1999）利用欧洲区域创新活动数据库研究了专业化外部性和多样化外部性对创新产出的影响程度，结果发现，这两种外部性并非矛盾的，而是对区域内部企业的创新活动同时产生正向影响。也有部分文献认为产业集聚与创新并非线性关系。Lucio et al.（2002）的研究则发现，专业化外部性对创新的作用呈现正 U 形特征。Cainelli et al.（2015）认为专业化集聚与多样化集聚达到一定门槛值时才能促进创新。

对于我国的情况，当前文献多从省份或者城市层面的产业集聚进行研究。如邬滋（2010）利用我国各省份专利研发数据，研究发现专业化溢出和多样化溢出对创新绩效均存在正向作用。陈长石等（2019）基于城市发明专利数据，在城市一位码专业化与多样化指标测算基础上，研究表明多样化是目前城市产业集聚的主导方向，并对城市创新规模起到促进作用。谢露露（2019）利用长三角城市群的专利数据探讨了产业集聚和区域创新效率的关系。彭向和蒋传海（2011）利用我国 1999—2007 年 30 个省份 21 个工业行业数据，研究发现专业化集聚与多样化集聚均有利于创新，但是影响程度不同。程中华

和刘军（2015）使用2005—2007年中国城市两位码行业新产品产值占工业总产值的比重数据，研究发现专业化外部性对制造业创新绩效影响不显著，多样化外部性有利于制造业创新绩效的提升。Zhang（2015）研究则发现多样化经济在促进城市规模和产品创新方面发挥着重要作用。

也有部分文献从微观企业角度进行了探索，如赖永剑（2012）基于企业新产品产值数据，发现专业化与创新绩效呈现倒U形关系，多样化作用不显著。董晓芳和袁燕等（2014）的研究则表明多样化集聚随企业年龄对企业产品创新作用呈现正U形特征，专业化集聚则呈现倒U形特征。杜威剑和李梦洁（2015）也系统讨论了产业集聚对企业产品创新的影响，研究发现地方化经济和城市化经济对企业产品决策和产品创新有显著的正向作用。胡彬和万道侠（2019）采用2012年世界银行公布的中国企业营商环境的调查数据将企业创新偏好进行了分类，将产品创新与工艺创新并举定义为高端创新，将仅有工艺创新定义为低端创新，研究发现，专业化营商环境显著促进了企业的低端创新偏好，而相关多样化集聚环境则显著增强了企业的高端创新偏好。黄小勇和龙小宁（2020）从企业专利申请数据探索了集聚经济对企业创新的影响，发现本地化集聚更能促进企业创新。Hervas-Oliver et al.（2018）采用西班牙CIS（社区创新调查数据）6 697家创新活跃的企业数据研究了创新中集聚外部性的存在性以及在企业间如何分配的问题。研究发现，集聚中的共同区位对创新具有正向影响，但不同企业从集聚中获益不同，获益程度并不均匀。由此可见，当前虽有部分文献从微观企业角度探索了产业集聚与创新的关系，但仍然缺乏城市层面微观企业传导机制的研究，需要给予关注。

另外，在产业集聚方向上关于创新指标的选择，学者们并未达成一致意见，一些文献（彭向、蒋传海，2011；董晓芳、袁燕，2014）认为并不是所有企业开发新产品都会申请专利，发明与专利数目也并不一定投入市场开发经济价值，因此只使用专利数据可能并不能完整地代表企业的创新能力。新产品产值是每个创新市场价值的加权和，不仅反映了企业创新数量，也在一定程度上反映了创新的质量。但新产品产值也存在缺失值严重的问题，由于包含工艺改进创新，也不能准确反映企业创新产出价值（董晓芳、袁燕，2014）。再则，从创新价值链来看，企业专利研发是科研创新阶段的主要产出形式，代表科技成果转化能力的新产品产值是产品创新的主要形式（余泳泽、刘大勇，2013）。与专利研发相比，产品创新由于包含产品设计，市场推广、产品开发等更加细致的分工合作可能更需要异质产业的合作创新（张千帆等，

2018），进而对集聚外部性受益程度可能也会有所不同。因此，使用单一指标可能并不能准确反映产业集聚对创新的影响，需要综合考量。

2.3.3　影响机制研究

当前文献虽已证明产业集聚确实影响创新活动，但产业集聚作用于创新的具体机制是什么？虽然经济集聚的相关理论将集聚的来源归为劳动力"蓄水池"效应、产业关联（投入共享）以及技术外溢效应，但探索与证实其中的作用机制却是一件困难的事情。当前关于集聚外部性与创新的文献通常止步于集聚与创新关联的探索，而对于外部性（溢出机制）却模糊带过，鲜少有实证方面的解释。本部分就知识溢出、产业关联、劳动力池方面的研究及指标构建作简单探讨，这些文献为本书构建集聚外部性对于创新的具体作用机制提供了思路。

外部知识溢出的存在是毋庸置疑的，当前关于知识溢出与创新的文献多强调地理区位上的溢出作用（Von Hippel，1994；Giuliani，2007；Fischer & Henkel，2012）。尤其是随着空间计量经济学的发展，将空间自相关引入模型，这类文献较好地验证了知识溢出的空间交互作用及其对邻近区域创新产生的空间溢出作用（Bloom et al.，2013；白俊红、蒋伏心，2015；马静等，2018）。另外一部分文献集中探索了产业间知识溢出的作用，如潘文卿等（2011）测算了中国35个工业行业技术相似权重矩阵，使用R&D投入数据构建了产业间技术溢出指标，进而检验了产业间技术溢出对企业生产率的影响作用。朱平芳等（2016）从垂直溢出和水平溢出的角度，细致研究了中国工业行业间R&D资本要素的溢出效应。杨友才等（2020）以中国9个高新技术产业为样本，检验了高新技术产业间技术溢出效应。

产业关联是产业间集聚外部性强调的另外一个重要溢出机制，包括前向关联和后向关联。当前关于产业关联的研究一方面集中在制造业与服务业之间的投入产出关系对经济指标的影响（陈国亮、陈建军，2012；杨勇，2017；高洋等，2020）；另外一部分文献测算了制造业之间的产业关联（潘文卿等，2011；何欢浪等，2020）。研究方法上多根据投入产出矩阵的直接消耗系数构建投入产出权重，进而构建上游关联指标和下游关联指标。关于产业内中间投入共享，当前文献建议使用垂直一体化指数（Holmes，1999）来衡量投入产出效应，即用行业的外购投入占行业的总产值进行衡量（Lu & Tao，2009），但也有文献指出此指标由于不能分离出本地采购和外地采购，难以反映出投入产出水平，并不被广泛使用。

集聚外部性的另外一个溢出机制"劳动力池"在相关文献中经常作为一个解释指标存在，常与人口密度、就业密度、人口规模（Carlino et al.，2007）相关联。在相关文献中，Rosenthal 和 Strange（2001）建议使用高学历员工或管理层员工占比来作为劳动力池的代理变量，但是中国制造业对劳动力的需求主要表现为熟练工人和技术工人，而且数据的获取也受到一定限制，因此并不适合。Lu 和 Tao（2009）建议使用行业相对工资水平来衡量对劳动力的吸引程度，从而作为一个劳动力池代理变量。而产业间劳动力池的研究，当前多使用劳动力职业分类特征进行衡量（Jofre-Monseny et al.，2011；张萃，2018），但也有文献指出该指标并不能反映出劳动力池的技术水平（Kolko & Neumark，2010）。

另外，在关于集聚与创新的文献研究中，Jofre-Monseny（2011）通过研究西班牙新的制造业区位，使用就业数据考察了 Marshall 外部性的三种溢出机制，并阐明了每一种机制的地理范围。黄小勇和龙小宁（2020）在研究集聚与专利申请的关系中，间接地从企业研发规模与人力资本水平角度探索了集聚与创新的作用机制，并未直接证实三种溢出渠道（共享、匹配、学习）与创新的关系。张萃（2018）在集聚与城市创业的关系研究中，通过使用一位码行业数据构建了集聚的溢出渠道指标，探索了集聚对城市创业的具体作用机制。这些研究为我们构建并实证检验专业化、多样化集聚作用于创新的具体机制提供了进一步的思路和参考依据。

2.4　城市空间结构与创新研究

2.4.1　城市空间结构的理论基础与概念界定

2.4.1.1　理论基础

从地理范围看，空间结构的理论基础有两部分来源，一种是地理大范围内的空间集聚现象。以 Krugman（1991）为代表的新经济地理学已经对产业空间集聚现象作了很好的描述，其中"中心—外围"模型是解释产业在发达地区集聚的重要理论模型。近年来，学者们在探究国家、省份或城市等大范围内"中心—外围"的空间集聚形态方面，作出了相当多的研究，并得出了有益的结论（范剑勇、邵挺，2011；刘修岩等，2007）。另外一种是城市范围内的空间集聚现象，其理论来源更多依赖城市经济学（范剑勇、邵挺，2011）。在城市经济学中，并没有采用空间集聚的概念，而是结合人文经济地理学科的概念，倾向于解释城市形态的改变，沿用"空间结构"或者"空间形态"的概念。根据其定义，空间结构是"经济元素"在地理空间上的描述和表达（Horton & Reynold，1971），是"人类活动的空间分布模式"（Anderson et al.，1996），也是"城市人口和就业密度的空间集聚程度"（Anas et al.，1998）。实际上对人口、就业在空间上的分布可以从多个维度进行表达，如多中心和单中心、集聚和扩散、蔓延和集聚、密度和规模（李婉，2018），根据本书的主题，更多的是关注蔓延和集聚、集聚和扩散等概念。

城市经济学将经济学和地理学合二为一，研究家庭效用最大化或者厂商利润最大化下的区位选择问题，并可以甄别无效率的区位选择，对公共政策进行检验，提高经济效率（O'Sullivan，2007）。城市经济学一个显著的贡献是，将产业集聚、人口分布与城市空间形态演化结合在一起，详细地描述了产业、就业在不同区位的集聚带来的城市空间形态上的演化，进而又如何影响经济效率的过程（O'Sullivan，2007）。20 世纪初期，就业主要集中在城市中心区域，为节约运输成本，制造业一般集聚在铁路终点站或者码头附近，办公型企业集聚在 CBD 附近，这样可以方便交流信息。工业革命促进了生产和能源创新，企业使用不可分割的生产要素与专业化劳动力投入进行大规模的生产，它们通常位于城市内部，以获得经济集聚效应。同时，技术的创新带来了城市内运输工具的创新，基于运输成本的考量，企业可以根据自身的比较优势选择合理的区位，不再局限于城市中心的港口和码头，而是集聚于城市郊区交通枢纽和高速公路附近。信息技术的发展降低了 CBD 内面对面交流的需求，允许更多的办公活动转向 CBD 以外的地区。随着通勤成本的降低以及中心区域拥挤的土地造成的成本增加、环境污染，为获得优良的居住环境，使得人口从中心区域向郊区蔓延，都市区人口分散化成为一个世界趋势（Anas et al.，1988）。由单中心的空间结构到城市蔓延逐渐拉开序幕，寻找新的"增长极"成为全球城市空间结构发展的重要趋势（石忆邵，1999）。在解释城市空间形态演化的过程中，城市地租理论发挥了重要作用。Hurd（1905）运用城市经济租金解释了城市的形成和商业中心的崛起。Rees（1970）运用土地价值梯度理论论证了芝加哥的单中心结构。其中最值得一提的是 Alonso（1964）的研究，以杜能的核心理论为基础，将竞租曲线应用于城市空间内部，以通勤者代替了农民，以中心区代替孤立城市，基于家庭区位选择问题，推导出城市土地市场模型，以理论模型形式解释了单中心城市向多中心转化的过程。

2.4.1.2　概念界定

与众多文献保持一致（Cullen & Levitt，1999；刘修岩等，2017a；魏守华等，2016；秦蒙，2018），本书的"空间结构"沿袭城市经济学的定义，侧重经济元素空间布局之后的空间形态对经济效率的影响，既侧重人文地理所强调的空间形态变化，又侧重经济集聚或者分散带来的影响。具体而言，单中心指在一定范围内，大部分人口或者就业高度集中在一个中心区域内的空间形态；城市蔓延代表城市水平的扩张形态，是一种低密度且无序蔓延的状态，城市在原有的形态下保持边缘区上的扩大；多中心结构或多中心集聚（魏守华等，2016）代表一种"蛙跳式蔓延"，指城市在原有的城区基础之上向多中心空间结构演进，在原有的城市形态上，形成新的制造业集聚区，以此加强服务业在中心城区的集中。

2.4.2　经济集聚与空间结构的联系与区别

经济集聚与空间结构这两个概念是彼此关联的。经济集聚主要指厂商共同布局在一个地方所带来的成本节约与产出增加，而就业和人口的空间集中程度及其在空间格局中的分布状况则构成了空间上的不同集聚形态（孙斌栋、丁嵩，2017）。在集聚经济的作用下，厂商与就业不断集中，最终形成了经济活动的空间分布状态。多中心的空间结构主要有两种研究范式：一种是以中心理论为基础，形成中心城市为首，紧密联系中小城市的城市群空间结构；另外一种是以城市地租理论为基础，形成都市区以中心城区为主与以次中心为辅的城市空间结构（孙斌栋、丁嵩，2017）。本书研究第二种多中心空间结构形式，但由于二者区别主要在于地理范围上，研究机理和理论又有重叠之处，因此在以下的文献研究中，并不进行特别区分。空间结构与经济集聚的主要联系和区别如下：

2.4.2.1　二者之间的联系

第一，集聚经济是空间结构概念的理论基础。空间结构概念早期作为城市规划体系以及地理学概念，最常被政策制定者提起。随着空间结构逐渐融入经济学，集聚经济理论成为解释空间概念与区域经济学、新经济地理学的重要理论桥梁。Marshall（1890）在《经济学原理》中就已指出，集聚效应所产生的正外部性是城市得以存在并且获得经济增长的重要原因。Duranton 和

Puga（2004）对城市经济的微观机理进行了梳理，将其归纳为共享、匹配与学习三种机制。Hoover（1937）划分了集聚经济的三个类别，分为规模经济、地方化经济、城市化经济，成为城市经济学的经典理论之一。Friedmann（1966）提出的"核心—边缘"理论指出，区域经济会在工业化阶段出现新的增长中心，并在后工业化时代趋向平衡。区域经济极化理论研究者佩鲁（Perroux，1950）的增长极理论提到，增长首先是以不同的强度出现在某个点上，再通过不同的渠道向外扩散，其中主要的推动力是技术进步和创新，那些技术创新能力强、对经济发展起支配和主导作用的产业则被视为增长诱导单元（Growth-Inducing Unit），即增长极（单中心）。增长极依靠支配效应、连锁效应及分配效应推动整个经济均衡发展（安虎森，1997）。在 D – S 产业结构基础上，以 Krugman（1991）为代表提出的新经济地理学理论，将经济集聚纳入垄断竞争的空间经济学模型，引入冰山交易成本概念，不仅关注专业化集聚和多样化集聚，而且暗含了城市空间结构演化的原因。当前大多实证研究文献也多以经济集聚的理论以及作用机制，包括经济与不经济、市场一体化效应、要素流动等作为出发点来解释空间结构与经济绩效之间的联系（秦蒙、刘修岩，2015；魏守华等，2016；陈旭等，2019），并得出有益的结论。

但也有部分文献对多中心空间结构下使用集聚经济概念提出疑问。Capello（2000）建议使用"城市网络外部性"概念；Parr（2002）提出"区域外部性"概念；Boix & Trullén（2007）对城市之间的集聚外部性和网络外部性进行了区分。其中，Alonso（1973）所提出的"借用规模"假说最具代表性，认为靠近中心城市的小城市可以借用大规模城市的集聚效益，从而呈现出与大城市类似的一些特征。Meijers et al.（2016）对"借用规模"思想进行了延伸，认为"借用规模"产生于功能互补、多中心协同的城市网络效应，并将多中心城市区域的网络外部性概括为：合作机制、互补性机制、外部性机制。

第二，集聚经济蕴含了城市空间结构演变的动因机理（秦蒙，2018），空间结构是向心力与离心力共同作用的结果（Fujita & Ogawa，1982），新经济地理学经济集聚的"向心力"和"离心力"概念在其中发挥着重要作用。单中心的空间结构得益于集聚效应的"向心力"，而蔓延的城市空间结构来源于城市资源拥挤、环境破坏、土地成本上升等"离心力"。单中心的空间结构与城市蔓延（包括多中心的空间结构）在很大程度上来源于"集聚经济"与"集聚不经济"的博弈过程（Brueckner，2000），多中心就是经济要素在空间上"集聚—扩散—再集聚"的过程（Anas et al.，1998）。从单中心向多中心空间结构的转化，实际上能有效降低"集聚不经济"（Fujita et al.，1997）。

2.4.2.2　二者的区别

第一，空间结构与经济集聚研究区域与侧重点有所不同。空间结构的研究地理单元更注重区划的重要性，比如都市区、市辖区、中心城市等区域（刘修岩等，2017a；秦蒙等，2019；Fallah et al.，2011），强调空间的特征和演变。而集聚经济讨论的区划更加广泛，并不区分中心区域与副中心，可以包括国家、省份、城市、企业，并将整个区域作为一个研究地理单元，多以产业或者企业作为研究对象而非如空间结构一样以城市人口作为研究对象。

第二，空间结构侧重不同集聚区域的功能性。功能性多中心强调节点的对外联系，且这种联系并不是单向的而是多方向的，功能性多中心可以真实反映城市之间经济主体、城市网络联系的密集程度（孙斌栋、丁嵩，2017）。Veneri 和 Burgalassi（2012）研究发现，多中心模式将会导致区域收入差异加大，但功能性多中心可以促进生产率的提高。张浩然和衣保中（2012）在对中国城市群研究过程中，提出按照中心城市的规模和职能，城市群空间结构可以分为单中心和多中心空间结构。Van Oort et al.（2010）以城市群为研究对象，认为在多中心城市系统中，不同城市的空间功能整合程度及城市间互补性十分重要。从城市功能分工来刻画区域分工，不仅能从微观企业层面反映生产组织的变化，而且能从宏观层面反映区域产业结构和空间结构的变化（赵勇、白永秀，2012）。

第三，空间结构只是经济集聚在空间层面的反映。集聚包括人口、产业和其他经济要素在某一区域数量上的累加，同时也暗含了经济密度和人口密度的变化趋势。经济集聚强调规模的概念，空间结构则是集聚在空间层面上的分布情况。空间结构的演变可以体现为"中心化"和"副中心"，也可以体现为"集聚"与"扩散"。在高拥挤成本和低集聚的情况下，城市就业人口和要素资源更容易扩散，从而形成多中心城市（Anas et al.，1998）。在一定情况下，经济规模与人口密度大致呈同方向变化。城市经济密度的上升意味着集聚程度的提高，从而促进经济效益的提升，但是城市集聚规模的变化更多与城市规模经济、集聚效应相联系，很难反映出城市空间结构的变化（秦蒙，2018）。

综上所述，空间结构与经济集聚同属一个研究框架，从本质上说空间结构就是经济在空间上集聚程度的反映。就本书所研究的命题而言，当前文献关于经济集聚与城市创新也作了一些有益的探讨，但并不能将空间结构与经济集聚的概念看作等同，也不意味着当前空间结构的理论研究与实证研究没有新意，近年来关于空间结构的实证文献也多表达有类似观点（秦蒙、刘修岩，2015；秦蒙，2018；刘修岩等，2017b；孙斌栋、丁嵩，2017）。相反，以往对经济集聚的研究局限于平面上单一的集聚区或城市带（Puga，2010），但并未考虑到集聚的空间组织形态对生产率、工资与收入、经济与人口增长、房屋租金、新企业形成等方面的效应（孙斌栋、丁嵩，2017）。本书从集聚经济思想出发，结合产业布局与城市立体空间结构探讨集聚与城市创新的关系，是对现有集聚与创新文献的深刻且有益的补充。从空间结构出发对创新进行探索，对未来城镇化建设及提升城市科技能力具有重要价值，更具有建设性的政策意义。

2.4.3　空间结构与创新研究

2.4.3.1　空间结构与经济效益

当前对于空间结构的实证研究多集中在空间结构和生产率以及空间结构与经济增长方面。一部分文献侧重从城市蔓延角度探讨与生产率、经济增长的关系，但也并未得出一致的结论。代表性的文献如 Lee 和 Gordon（2007）、Fallah et al.（2011）、秦蒙和刘修岩（2015）、魏守华等（2016）、秦蒙等（2019）认为城市蔓延不利于生产率或者经济增长，原因多在于城市蔓延暗含着集聚不经济、经济密度和人口密度的下降，从而损害了经济效益。也有部分文献认为比起中心城区拥挤的交通、高昂的房价对经济的损害，蔓延恰是削弱了这种"集聚不经济"，且受益于城市规模效应，从而有利于生产率的提高（Glaeser & Kahn，2004；孙斌栋、丁嵩，2017）。之前这些城市蔓延的研究并未得到一致结论的原因，可能在于没有将城市蔓延与蛙跳式蔓延（多中心）进行区分，没有关注经济"分散—再集聚"的过程，而"再集聚"的过程正是蛙跳式蔓延形成的原因。

另外一部分文献从多中心与单中心的对比角度探讨了空间结构与经济效益的关系。一些研究认为，多中心结构产生的网络外部性、次中心制造业的集聚效应更能发挥集聚外部性，从而促进经济发展（Meijers & Burger，2010；魏守华等，2016；刘修岩等，2017b）。而持相反观点的文献认为，多中心的空间结构只是简单的中心嵌合体，产生的集聚效应要远远逊色于单中心的空间结构，并不利于经济增长，城市越紧凑反而越有利于经济增长（程开明、李金昌，2007；Li et al.，2019；姚常成、吴康，2020）。

2.4.3.2 空间结构与创新

早期关于创新集群、创新地理以及"工业区"的文献都强调了创新地理特征的作用，例如，市场可达性、空间接近性、步行性和土地利用，其目标是提供支持性的建筑环境，吸引创新产业，为创意阶层提供优质的工作和生活环境（Florida，2004；Katz & Wagner，2014；Morisson，2015）。创新具有空间特性，这点当前关于创新的文献研究已经达成了共识。早期探究空间结构与创新的文献多从空间距离、经济密度方面进行了表达，如 Wallsten（2001）预测了在 0.25 英里范围内美国小企业获得创新奖的可能性。Glaeser和 Kerr（2009）研究认为，创新者愿意在土地上花费昂贵的成本，但更愿意在交通出行上节约成本，倾向居住在便利设施丰富的地区以便享受便利。Storper（2013）认为对于创新企业来说，经济密度是一种便利，因为经济密度高的地区可以在较小的地理单元提供更多的便利设施。

基于实证方面的考量，近年的文献对于都市区空间结构与创新的关系也有了一些新的发现。首先，Carlino et al.（2007）基于城市就业密度指数与专利申请量进行了研究，发现专利强度与就业密度呈现明显的正相关，一个就业密度是另外一个城市两倍的城市，其专利密度将高出 20%。进一步讨论得出在每平方英里约 2 000 个工作岗位的就业密度下，专利强度达到最大化，在更具有市场竞争力但是就业密度不太大的城市，专利密度也会更高。由此得出普遍性的观点，美国就业密度最集中的地区在创新流动、促进创新和增长方面发挥着重要作用。需要指出的是这里的就业密度指数其实正是城市蔓延指数的一种测量，文章间接肯定了经济密度较大的单中心城市在创新方面的优势。Lee 和 Gordon（2011）的研究中提到，"如果熊彼特思想认为企业家在创新活动中起着重要作用，那么 Hayek（1937）关于当地知识在大量分散的参与者以及产业供应链之间进行传播的思想也同等重要，城市区域独特的空间结构将以促进新思想和创新流动的形式形成，空间结构适宜的城市将成为创新创业的东道主"。针对文章提出的问题，基于美国 79 个最大的大都市区多中心空间结构数据，以及用以表征创新的美国小企业管理局公布的小企业新生和死亡的数据，研究结论表明熊彼特式创造性破坏具有空间结构方面的特征，创新更加青睐多中心大城市。Hamidi 和 Zandiatashbar（2019）通过测量美国 221 个地区的紧凑型/蔓延指数，基于 SBIR 数据库中小企业获得创新奖的数量，研究发现，从空间邻近性角度来看，由于紧凑的邻里城市高昂的土地和房价，创新型公司更愿意选择不太紧凑的城市。区域层面的紧凑度对创新型企业数量有正向影响，是当地创新产生的重要驱动力，而城市蔓延散乱无章的性质不利于知识的流动和互相作用。文章还提到，"加州的硅谷和波士顿的 128 号公路技术走廊就是地理位置和城市环境对创新产生影响的例子"。Katz 和 Wagner（2014）的研究也表达了类似的观点，紧凑型的城市增加了社交、网络和知识溢出，更利于创新的产生，而蔓延的城市由于无序及不便利性，从而损害创新（Florida，2004）。

针对国内的情况，屠启宇和邓智团（2011）认为在创新思维驱动下，城市功能设计与空间设置要兼顾创新视角，以中国上海为例，提出了中央智力区—知识社区—大学城的以创新为枢纽的空间结构。郭洁等（2015）就中国就业密度与专利产出进行了分析，发现就业密度与创新产出呈正向关联，就业密度越大，创新产出越多。孙瑜康等（2019）以北京市为例，从行业异质性与空间结构的角度解释了大城市创新集聚的原因。文章认为，不同技术层次的行业在城市内部区位上有不同的选择，表现为高技术行业集聚在中心城区，中技术行业集聚在外围次中心，低技术行业集聚在郊区。而之所以出现这样的情况，在于不同区位的产业所需的技术机会不同，高技术行业技术来源于基础研究，因此需要靠近中心区域，中技术行业对基础研究的需求不太显著，低技术行业的技术来源于本产业的技术扩散。毛文峰和陆军（2020）探讨了土地资源错配对创新的影响，指出蔓延的空间形态拉长了通勤距离，不利于本地化知识、隐性知识的传播，稀释了经济集聚外部性，降低城市创新创业质量。

当前关于城市空间结构与创新的研究并没有引起学者大量的关注，但是在当今城市化的政策下，到底哪种空间结构更能促进创新并获得可持续的发展，对于探究区域创新问题有着重要启迪意义。

2.5 本章小结

本章主要梳理了现有文献关于创新研究的最新进展。主要围绕以下四个思路展开：第一，梳理了当前创新经济地理学的研究进展；第二，梳理了集聚效应、选择效应与创新的关系的研究进展；第三，梳理了产业集聚与创新的研究进展；第四，梳理了空间结构与创新的相关研究，并分析了集聚与空间结构之间的关系。本章的边际贡献主要体现在以下几个方面：

　　第一，虽然目前文献基于新经济地理学理论，从经济集聚角度探讨了集聚与创新的关系，并得出了有益的结论，但是融入企业异质性的"新"新经济地理学认为异质性企业的空间定位选择对于城市间创新差异具有内生的影响，忽略选择效应，会造成集聚效应的高估。生产率相关文献虽然证实了选择效应的存在性，但基于创新方向的研究还相当匮乏。异质性企业的区位选择使得创新活动地理集聚的机制变得更为复杂（Ottaviano，2011），大城市创新优势不仅与集聚效应有关，还可能受到选择效应的影响，应给予关注。

　　第二，虽然当前基于集聚外部性与创新的研究已经得出一些有益结论，但是当前研究多集中在省域空间范围，研究范围过大，缺乏从微观企业角度，在更小的地理单元探索两位码行业集聚与城市创新关系的文献。另外鉴于专利申请数据与新产品产值数据单一指标研究的不足，将二者结合考虑可能更能准确反映产业集聚的影响作用。现有文献对集聚外部性的三种溢出渠道关注不够，创新地理的黑箱仍旧较为模糊，集聚外部性的三种溢出渠道是否同等重要？基于中国的情景考量下，三种溢出渠道是否都能发挥作用？这是当前应该关注的问题。

　　第三，当前基于经济集聚的文献，多限于平面上单一的集聚区或城市带（Puga，2010），或从产业集聚水平的视角展开，但未对集聚的空间形态给予应有的关注。虽然当前城市空间结构方面的文献认为生产率、经济绩效、经济增长、企业价值链会受到城市空间异质性的影响，但缺乏从城市创新角度给予的证明。集聚效应对创新地理的影响高度依赖于所在空间情境的建筑环境，这是当前创新经济地理学的一致认知。在当前"城镇化"与"集约化"发展的背景下，急需探索可持续发展的优良空间模式以促进创新的发展。

第③章 中国经济集聚事实特征与创新地理格局分析

准确掌握城市经济集聚发展现状与城市创新地理格局的关联，是后续章节的基础。本章首先分析城市经济集聚特征事实，这部分从两方面进行，一是分析产业集聚特征，二是分析城市内部空间集聚模式特征。具体如下：

基于城市数据及微观企业产值数据，从城市—行业层面分析制造业集聚特征：第一，分析制造业整体在三大区域以及不同城市规模层面上的发展现状；第二，根据区位熵指数分析不同城市规模 33 个制造业行业的专业化集聚特征；第三，根据赫芬达尔指数（HHI）分析不同城市规模多样化集聚特征。

基于城市人口数据分析城市经济密度变化，再基于城市内部细分地理单元的人口数据与不同辖区的生产总值数据以及工业增加值数据，分析城市空间结构特征：第一，分析城市土地就业密度弹性变化情况；第二，根据蔓延指数分析不同城市规模蔓延特征以及空间演进特征；第三，根据多中心集聚指数分析不同城市规模多中心集聚现状。

然后基于 281 个城市层面数据从五个层次对创新地理集聚现象进行分析：第一，结合整体情况分析创新产出活动的整体趋势；第二，利用绝对份额指数和基尼系数分析创新产出在三大区域（东部、中部、西部）的分布情况；第三，利用绝对份额指数和基尼系数分析创新产出在 12 个城市群的分布现状；第四，分析不同城市规模创新产出和创新投入现状；第五，分析创新在不同行业的差异。

3.1 城市制造业集聚特征事实

3.1.1 产业集聚程度失衡影响创新地理格局

关于产业集聚的测量方法多种多样，但是侧重点有所不同，每一种指标都有其特定的适用范围和使用条件。行业集中度指数（CR_n）主要用于测量行业集中水平，是衡量市场竞争程度的重要指标；赫芬达尔指数通常用来衡量产业的平均分布程度和集中分布程度；空间基尼系数和 EG 指数主要衡量产业的地理空间分布均衡程度，其中空间基尼系数侧重衡量制造业行业的集聚程度，EG 指数侧重衡量市场集中度较低的一般性制造品的集聚程度。为清楚观测到产业集聚不均衡的特征，本书参考基尼系数的计算公式，分别测算了 1998—2016 年全国层面、三大区域层面以及不同城市规模制造业基尼系数，如图 3.1（a）、图 3.1（b）所示。基尼系数的计算公式如式（3.1）所示，假设有 n 个城市，将所有城市制造业从业人数按照由低到高排序，w_i 代表从第 1 组到第 i 组累计制造业从业人数占全国制造业从业人数的比重，基尼系数越大表示制造业分布越不平衡。关于城市规模的划分，本书对 281 个城市市辖区人口进行统计分析发现，人口规模均值水平为 125.25 万人，中位数为 82.43 万人，75 分位点为 140.56 万人，这与 2014 年国务院《关于调整城市规模划分标准的通知》对大城市的划分标准（100 万人）较为接近。因此，将市辖区人口大于 100 万人的城市定义为大城市，小于 100 万人的城市定义为中小城市。以下若无特别说明，也均依照此标准。

$$GINI = 1 - 2\int_0^1 w_i \mathrm{d}_i \qquad\qquad (3.1)$$

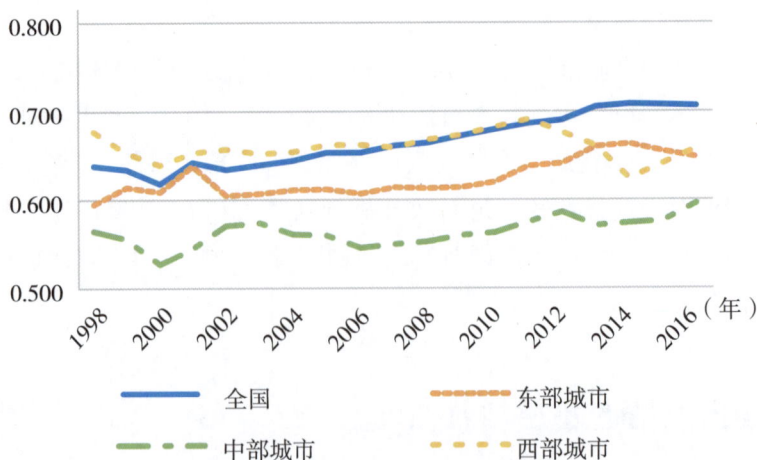

图 3.1（a）　制造业集聚水平变化趋势

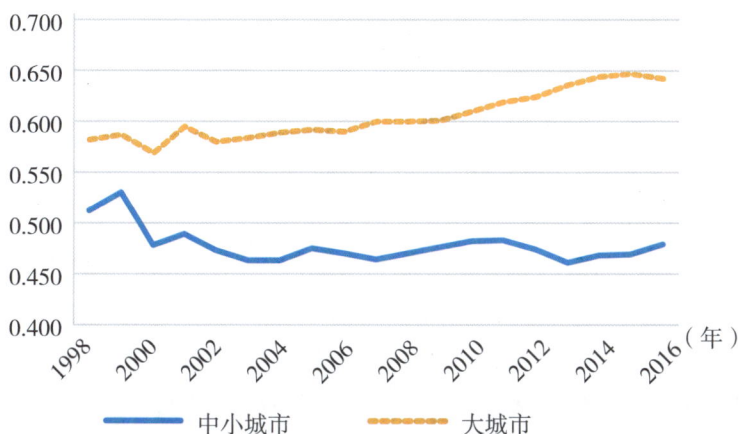

图 3.1 （b） 不同城市规模制造业集聚水平变化趋势

数据来源：《中国城市统计年鉴》，作者整理。

从图 3.1 （a） 可看出，中国制造业总体平均集聚水平达到 0.665，处于相对集中的水平，同时，中国制造业集聚存在梯度差距，分布不平衡。东部城市平均集聚水平达到 0.624，中部城市达到 0.564，西部城市平均集聚水平最高，达到 0.660。起初，东部部分试点城市作为最早获得开放的一批城市，工业化进程超速发展，再加上得天独厚的地理区位，出口优势明显，制造业发展迅速。随着中国加入 WTO，更多城市拥有了与外界市场接触的机会，城市间制造业得到均衡发展，相对缩小了城市间制造业差距。随着工业化进程的发展，产能过剩，夕阳产业转移问题逐步浮现出来，国内市场需要进一步深化改革。中部城市成为东部城市产业转移的重要承接地，但是制造业分布却较为分散，并不如东部城市集中趋势明显。西部城市既承接了东部地区的一部分转移产业，也得益于自身煤矿、金属冶炼等自然资源的优势，以资源型产业发展为主，成为产业集聚程度最高的区域。从图 3.1 （b） 城市规模上来看，中小城市平均集聚水平达到 0.478，大城市平均集聚水平达到 0.605。相比而言，大城市比中小城市表现出制造业更为集中的现象，说明大城市之间由于制造业发展差异较大，制造业集聚更为不平衡。中小城市由于制造业发展水平类似，总体集聚程度不高，且城市间差距不大。

从时间演进趋势上来看，在 1998—2016 年，全国以及东部城市、中部城市、西部城市产业集聚水平都呈现上升趋势。西部城市在 2011 年之前呈现上升状态，之后出现了一定程度的下降趋势。说明无论是从全国层面还是各区域城市来看，中国制造业都越来越集中在部分城市，表现出城市间的集聚不平衡现象。东部城市作为产业升级的主要对象，近年来更重视技术、信息等高科技产业的发展，但是也只有部分城市具有高技术产业发展的基础，产业发展依然不平等。中部城市是产业转移的过渡区域，但整体上产业集聚水平最低，上升速度相对不高。西部城市虽然是资源集聚型城市，但也承接了部分转移产业，因此表现为制造业依然在高位集聚，但出现一定程度下降的现象。从城市规模来看，大城市显示出集聚程度越来越上升的趋势，但中小城市变化趋势不太明显。这说明，对于大城市来说，制造业越来越集中在部分城市，城市间产业集聚程度逐渐拉大，显示出不均衡态势。

3.1.2　城市层面产业集聚模式差异分析

虽然产业集聚测量方法众多，但若衡量某一区域优势产业，也即某一产业的专业化程度，区位熵指数才是合适选择。借鉴现有文献（Glaeser & Kerr，1992；Glaeser & Kerr，2009）关于专业化外部性的测量方法，本书采用行业就业人口来计算专业化集聚水平，该指标越大，说明该地区某产业专业化程度越高；指标越小，说明该地区某产业越分散。专业化集聚指标计算公式如式（3.2）所示。用于计算专业化集聚指标的数据来源于《中国工业企业数据库》，行业范围主要包括制造业 13~46 两位码行业。

$$special_{ic} = \frac{\dfrac{S_{ic}}{S_c}}{\dfrac{S_{in}}{S_n}} \tag{3.2}$$

其中，S_{ic} 代表 c 地区 i 产业的就业人数，S_c 表示 c 地区制造业总就业人数，S_{in} 代表全国 i 产业就业人数，S_n 为全国制造业总就业人数。

多样化集聚是与专业化相对应的测量指标，专业化集聚衡量城市某一产业的相对优势，而多样化集聚则衡量城市产业多样化发展程度。对于多样化集聚指标的测算，根据 Jacobs 对多样化外部性的定义，参考现有文献的做法（傅十和、洪俊杰，2008），本书使用 1 减去赫芬达尔指数进行衡量，指标越大，表示区域多样化程度越高。具体计算公式如下：

$$diversity_c = 1 - \sum_i \left(\frac{S_{ic}}{S_c}\right)^2 \tag{3.3}$$

3.1.2.1　城市层面专业化集聚差异分析

表 3.1 为中小城市与大城市 33 个制造业两位码行业平均专业化集聚程度。可看出，中小城市在饮料制造业，烟草制品业，木材加工及木、竹、藤、棕、草制品业，家具制造业，造纸及纸制品业，废弃资源和废旧材料回收加工业等劳动密集型产业，以及化学原料及化学制品制造业，化学纤维制造业，橡胶制品业，石油加工、炼焦及核燃料加工业，非金属矿物制品业，黑色金属冶炼及压延加工业，有色金属冶炼及压延加工业，电力、热力的生产和供应业，燃气生产和供应业，水的生产和供应业等资源垄断型产业都具有较高的专业化优势。如盘锦市、鸡西市、东营市、临汾市等都是典型的资源垄断型城市，石油加工、炼焦及核燃料加工业较为发达，另外还有东营市的橡胶制品业，伊春市的木材加工及木、竹、藤、棕、草制品业和家具制造业也占有绝对优势。大城市在纺织业，纺织服装、鞋、帽制造业，皮革、毛皮、羽毛（绒）及其制品业，印刷业和记录媒介的复制业，文教体育用品制造业，塑料制品业等劳动密集型产业以及医药制造业，通用设备制造业，专用设备制造业，交通运输设备制造业，电气机械及器材制造业，通信设备、计算机及其他电子设备制造业等技术密集型产业具有绝对优势。如惠州市、深圳市、东莞市、珠海市、苏州市、厦门市、广州市等城市的通信设备、计算机及其他电子设备制造业和仪器仪表及文化、办公用机械制造业，专业化优势均在前列。由此可看出，大城市与中小城市在不同产业集聚上存在较大差异，大城市在技术、信息等产业上更具有优势，但在资源密集型产业发展上劣势较大。中小城市在劳动密集型产业与资源密集型产业上更具有优势，但在技术密集型产业发展上与大城市差距较大，这也是中小城市产业发展过程中需要注意的问题。

表 3.1　1998—2009 年不同规模城市制造业行业平均专业化集聚程度

	两位码行业	中小城市	大城市
13	农副食品加工业	1.877	1.714
14	食品制造业	1.313	1.326
15	饮料制造业	2.111	1.859

（续上表）

	两位码行业	中小城市	大城市
16	烟草制品业	6.972	2.986
17	纺织业	0.987	1.057
18	纺织服装、鞋、帽制造业	0.702	0.830
19	皮革、毛皮、羽毛（绒）及其制品业	0.711	1.054
20	木材加工及木、竹、藤、棕、草制品业	3.112	1.503
21	家具制造业	1.615	1.000
22	造纸及纸制品业	1.400	1.108
23	印刷业和记录媒介的复制业	0.833	1.025
24	文教体育用品制造业	0.973	1.048
25	石油加工、炼焦及核燃料加工业	4.507	1.420
26	化学原料及化学制品制造业	1.464	1.116
27	医药制造业	1.264	1.331
28	化学纤维制造业	2.337	1.472
29	橡胶制品业	1.284	0.975
30	塑料制品业	0.753	0.892
31	非金属矿物制品业	1.612	1.189
32	黑色金属冶炼及压延加工业	1.774	1.221
33	有色金属冶炼及压延加工业	2.956	0.980
34	金属制品业	0.837	0.783
35	通用设备制造业	0.801	0.967
36	专用设备制造业	0.958	1.079
37	交通运输设备制造业	0.856	1.015
39	电气机械及器材制造业	1.088	1.205

（续上表）

两位码行业		中小城市	大城市
40	通信设备、计算机及其他电子设备制造业	0.586	0.757
41	仪器仪表及文化、办公用机械制造业	0.773	0.928
42	工艺品及其他制造业	1.123	1.036
43	废弃资源和废旧材料回收加工业	2.495	1.550
44	电力、热力的生产和供应业	2.330	1.503
45	燃气生产和供应业	2.541	2.103
46	水的生产和供应业	2.400	1.500

数据来源：《中国工业企业数据库》，作者整理。制造业的统计口径对应于国民经济行业分类与代码（GB/T4754—2002）中的代码，不含38。

3.1.2.2   城市层面多样化集聚趋势分析

图 3.2 为不同规模城市平均多样化集聚水平，从图中可看出，大城市平均多样化集聚水平达到 0.889，中小城市平均多样化集聚水平达到 0.857。这说明与中小城市相比，大城市制造业更为多样化。大城市市场更为活跃，基础设施良好，市场更为开放，更能吸引劳动力和创业人才集聚，激烈的竞争环境促进城市内部产业结构不断进行优化调整，产业之间发展更为均衡，因此，城市产业多样化程度更高。如广州的汽车制造业、电子制造业和石油化工业，大连的造船、石化、装备制造和电子信息业，沈阳的机床、飞机制造和汽车制造业等各支柱产业有机结合，互补发展。中小城市多以资源密集型产业与劳动密集型产业为主，产业结构较为单一，调整速度较为缓慢，产业间发展差距相对较大，因此多样化集聚水平相对较低。

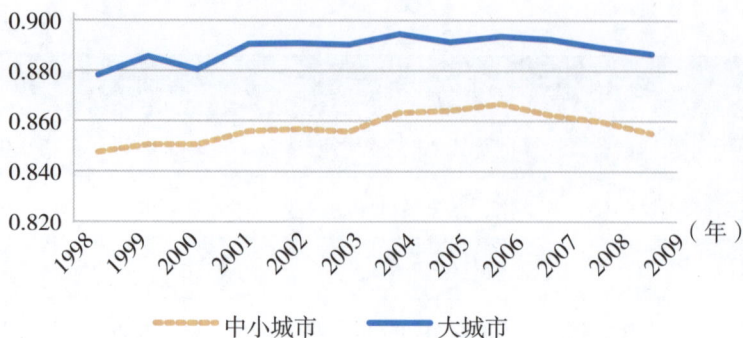

图 3.2   不同规模城市平均多样化集聚水平

数据来源:《中国工业企业数据库》, 作者整理。

3.2   城市空间集聚特征事实

城市空间上的集聚模式当前主要表现为两种形式, 一种是以中心区域为核心摊大饼式扩张, 形成城市蔓延; 另外一种是以"蛙跳式"蔓延, 形成多中心集聚模式。创新集聚的城市往往表现为多中心集聚模式, 而中小城市往往伴随着高度的城市蔓延, 空间集聚模式与创新似乎有趋同趋势, 城市的建筑环境通过影响企业的创新活动, 进而再表现为城市层面的创新地理格局。本部分先对中国城市经济密度进行分析, 然后过渡到对空间集聚模式的分析, 从而更直观地呈现城市空间结构上的经济集聚特征。

3.2.1   城市经济密度下降事实影响创新活动

经济集聚在产业集聚上反映为产业的集聚程度, 在空间上则表现为人口或者就业的密度。人口密度指标在早期研究经济空间格局上较为常见, 在一定程度上能反映出城市的蔓延程度 (Fulton et al., 2001; Fallah et al., 2011)。在计算中, 使用城市市辖区人口除以市辖区面积即可得到人口密度指标。图 3.3 所示为 2001—2016 年全国层面以及东部城市、中部城市、西部城市的整体变化趋势。从图中可看出, 全国平均人口密度为 0.098, 东部城市平均人口密度为 0.125, 中部城市平均人口密度为 0.107, 西部城市平均人口密度为 0.054。对比来看, 东部城市得益于产业集聚优势, 人口密度也相应较高。中部城市优势产业并不明显, 产业发展相对落后, 因此人口密度低于东部城市。西部城市虽然资源密集型产业具有一定优势, 但总体产业发展较为滞后，对人才的吸引力相对较弱，因此人口密度最低。

从动态变化特征来看，无论是全国层面还是各区域城市人口密度都呈现不同程度的下降趋势。与 2001 年相比，全国人口密度下降 25.6%，东部城市下降 33.9%，中部城市下降 22.9%，西部城市下降 7.3%。这说明在制造业产业越来越集中在部分城市的同时，各城市经济密度却出现不同程度的下降趋势。

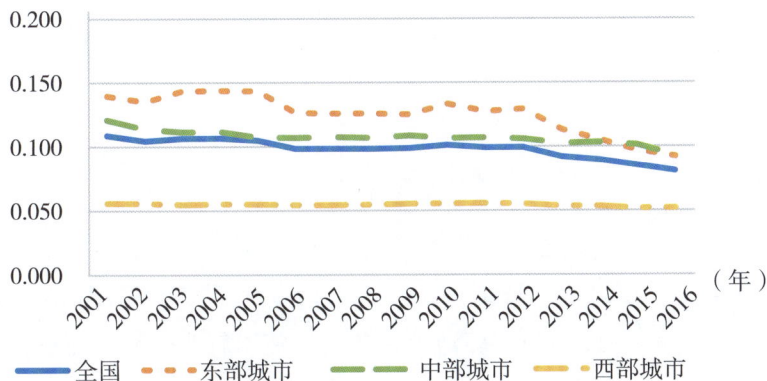

图 3.3　人口密度变化趋势

数据来源：《中国城市统计年鉴》，作者整理。

表 3.2 给出了 2001—2016 年全国层面和各区域城市层面建成区扩张增长速度和市辖区人口增长的速度，从中可看出经济密度下降的原因。与 2001 年相比，2016 年全国城市土地增长了 1.457 倍，但人口仅增长了 58.9%，土地对城市人口的弹性值达到 7.058。分区域来看，东部城市土地人口弹性值为 4.978，中部城市和西部城市弹性值更大，分别为 8.434 和 7.967。依据城市经济学的定义，这种低密度的发展模式被称为城市蔓延。土地弹性值越大，说明土地的扩张速度远远大于人口的增长速度，城市蔓延则越严重。从而也说明城市空间结构各异，经济密度上的差异影响集聚外部性的实现，进而对生产率、经济增长、技术创新带来不同影响。

表 3.2　2001—2016 年城市土地和人口的变化

	城市土地增长倍数	城市人口增长倍数	城市土地对城市人口的弹性
全国	1.457	0.589	7.058
东部城市	1.821	0.933	4.978
中部城市	1.164	0.381	8.434
西部城市	1.364	0.417	7.967

数据来源：《中国城市统计年鉴》，作者整理。

3.2.2　城市蔓延的基本事实

3.2.2.1　城市蔓延指数的测量

Fulton et al.（2001）、Fallah et al.（2011）用平均人口密度衡量城市蔓延程度，Carlino et al.（2007）、郭洁等（2015）使用就业密度来衡量，王家庭和张俊韬（2010）使用土地—人口增长弹性进行衡量。但以整个市辖区或者整个城市人口均匀的变化来反映城市蔓延，缺少城市人口分布情况更为精细的辨识，无法反映城市内部不同区域的人口差异（刘修岩等，2019）。当前也有一些研究将 LandScan 人口数据与灯光数据结合起来进行考虑，先使用灯光数据确定真实的城市轮廓，再使用人口数据衡量真实城区的人口密度（秦蒙等，2019；刘修岩等，2017a），这种方法能够去除一些有楼无人的"鬼城"，因此可能更加真实地反映城市蔓延。但本书认为城市蔓延本身反映的就是建成区规划的经济密度情况，应该包括属于城区但是人烟稀少的地方，应当按照本来的城市规划来反映真实的城市蔓延情况。因此本书借助最近文献（刘修岩等，2019）所使用的以 LandScan 每栅格人口数据构建的城市蔓延指数来反映城市蔓延程度。城市蔓延指数（sprawl）计算公式如下：

$$sprawl = \sqrt{land \cdot resid} \tag{3.4}$$

其中 $land = 0.5 \cdot (lland - hland) + 0.5$，$resid = 0.5 \cdot (lresid - hresid) + 0.5$，$lland$、$hland$ 分别代表一个城市市辖区人口密度小于和大于等于全国平均人口密度的区域面积，占本城市市辖区面积的比重；$lresid$、$hresid$ 分别代表一个城市市辖区人口密度小于和大于等于全国人口密度均值的人口，占本城市市辖区人口的比重。*land* 反映了城市内低密度区域面积的比重，*resid* 则反映了城市内低密度人口的比重，如果二者比例都过大，就表示该城市蔓延程度严重。因此，*sprawl* 的取值范围为 [0, 1]，越趋近于 1，表示蔓延程度越高；越趋近于 0，表示蔓延程度越低。该指数较好地将城市内人口密度变化和土地扩张结合到一起反映城市蔓延程度，较为准确地反映了城市经济学对城市蔓延的定义，为当前研究者所青睐。计算中所使用的人口数据来源于 LandScan 全球人口动态统计分析数据库，该数据反映了每栅格分辨率为 30"（900 平方米）的人口常住数量，本书使用 Arcgis 软件进行提取计算。

3.2.2.2　城市蔓延现状分析

表 3.3 为 2001—2009 年 279[①] 个不同规模城市平均城市蔓延程度对比情况。从表中可看到中小城市平均蔓延程度最高，平均值达到 0.305；大城市蔓延程度相对较低，平均值为 0.179。中小城市蔓延程度几乎是大城市的 1.7 倍。中小城市标准差也相应较大，说明城市之间蔓延差异较大。在数量上有 102 个城市平均蔓延程度均高于全国均值，占中小城市总数的 62.195%，比例较大。大城市蔓延程度相应较低，平均有 24 个城市蔓延程度高于全国均值，91 个城市蔓延程度低于或等于全国均值，总体情况要优于中小城市。总体来说，我国城市普遍存在蔓延现象，尤其在中小城市表现更为明显，这必定会对当地的产业布局、基础设施、人才吸引产生影响，进而再反映到技术创新上，本书通过后续实证给予证明。

表 3.3　2001—2009 年不同规模城市平均城市蔓延程度对比分析

	中小城市	大城市	全国
蔓延指数均值	0.305	0.179	0.253
标准差	0.145	0.112	0.146
最大值	0.764	0.616	0.764
最小值	0.000	0.003	0.001
> 0.253 的城市个数	102	24	126
≤ 0.253 的城市个数	62	91	153

数据来源：LandScan 全球人口动态统计分析数据库，作者整理。

---

① 缺少舟山市和莱芜市数据。

3.2.3 城市多中心集聚趋势分析

3.2.3.1 多中心空间集聚指标的衡量方法

由于缺少市辖区多中心与次中心的数据，当前文献多从省域或者城市群出发反映多中心程度（Meijers & Burger，2010；孙斌栋、丁嵩，2017；刘修岩等，2017b；陈旭等，2019；姚常成、吴康，2020），使用指标多选用 Zipf 法则系数法进行计算，将城市按照一定规律（多选择灯光亮度、人口规模）由大到小排序，则可估计出多中心回归系数。但由于本研究对象为城市多中心程度，城市各市辖区个数差异较大，因此该方法并不适合。现有研究城市多中心空间结构的文献关于多中心的测量也不尽相同，方法各异，但基本上遵循两个思想，一个是集中度的思想，测量就业靠近 CBD 区域的程度（刘修岩等，2017a）；另外一个是分散思想，测量就业分布在少数几个区域还是分布在大部分区域，以及其程度（Anas et al.，1998；张婷麟，2019）。本研究采用分散思想来衡量各城市的多中心程度。具体思路如下：

第一步：判断城市的中心区域和次中心。魏守华等（2016）的研究是目前关于市域多中心判断最为详细的判断方法。但是政府规划和实际各市辖区经济发展又会有一定差异，城市市辖区定位既要结合政府规划又要结合实际发展状况。本书结合代明等（2014）与魏守华等（2016）的方法，依据各城市市辖区发展特点和政府规划进行综合判断。

多中心城市的一个基本特征是分散—集聚，生产性服务业集聚在中心区域，制造业集聚在外围次中心，各司其职，这既是城市多中心结构的体现也是城市功能的体现。参考代明等（2014）的研究，基于《2000 年人口普查分县数据》和《2010 年人口普查分县数据》① 中的行业就业人数数据，计算每个城市各市辖区的制造业区位熵指数和生产性服务业区位熵指数，并与城市整体均值进行比较分析。具体而言，2003—2005 年的多中心结构判断依据 2000 年的区位熵标准，2006—2016 年依据 2010 年的区位熵标准。详细如下：①中心区域的判断：将制造业区位熵不高于城市均值且生产性服务业区位熵不低于城市均值，生产总值不低于城市均值的市辖区判断为城市中心区域；

---

① 迄今为止，我国已经进行了七次人口普查，分别在 1953 年、1964 年、1982 年、1990 年、2000 年、2010 年、2020 年，根据本书的研究周期，选择 2000 年人口普查数据和 2010 年人口普查数据。

②次中心的判断：将制造业区位熵不低于城市均值且生产总值不低于城市均值的市辖区判断为次中心；③一些无法判断的区域则结合该市辖区的生产总值、工业增加值，以及政府规划进行确定；④对于一些只有一个或者两个市辖区，生产总值又较低的城市，则直接判断为单中心城市，多中心指数为0，对于这类城市区分中心和次中心没有意义，但通常这类城市又面临着较高的城市蔓延程度，因此予以保留。

第二步：计算城市多中心指数。根据多中心的特征和定义，则可认为本质上其实就是制造业在城市空间上的多样化分布，分散性思想（Anas et al.，1998）也强调了这点。Lee 和 Gordon 计算了（2011）各分中心的就业份额，魏守华等（2016）则是计算了各次中心的制造业集聚程度。根据 Jacobs（1969）产业多样化的定义，本书尝试用1减去制造业 HHI 指数进行计算，以制造业在中心区域和次中心区域的分散化集聚程度来衡量城市的多中心程度。计算公式如下：

$$M\_center_{ct} = 1 - \sum_{m=1}^{M} \left(\frac{Manuf_{mt}}{Manuf_{cityt}} \right)^2 \tag{3.5}$$

其中，$Manuf_{mt}$ 代表 t 时期各中心和次中心的工业增加值。$Manuf_{cityt}$ 代表 t 时期城市整个市辖区的工业增加值。M_center 取值范围为 $[0,1]$，指数越大代表多中心程度越高，相反，越小代表越趋近单中心结构。

城市各市辖区的生产总值与工业增加值由作者多方收集而得，主要来源于各城市统计年鉴、城市年鉴、城市各辖区统计公报、统计网站。由于2003年之前的各辖区生产总值和工业增加值数据收集较为困难，缺失较多，因此本部分时间跨度调整为2003—2016年。

3.2.3.2　多中心集聚现状分析

表3.4给出了每年多中心城市的个数及其在不同城市规模的分布情况，从中可以看出，全国层面平均有96个为多中心城市，大城市多中心集聚更多，平均有81个，中小城市多为单中心空间结构，多中心城市平均只有15个。从动态趋势上来看，多中心城市每年会有一定的增加率，大城市中，2003年只有68个多中心城市，2016年有85个多中心城市，一些原来属于单中心的城市转化成了多中心空间结构。中小城市2003年只有13个多中心城市，2016年有16个多中心城市，增加趋势相对缓慢。本书的测算结果与魏守

华等（2016）有一定区别，比如魏守华等（2016）测出 2009 年多中心城市为 123 个，本书测算只有 97 个。原因在于，魏守华等（2016）多依据政府规划进行划分，本书结合城市各市辖区经济发展状况和政府规划进行测定，条件更为苛刻，因此多中心结构城市个数偏少。但总体趋势保持一致，大城市由于经济更为发达，更容易形成制造业次中心，因此数目较多，而中小城市一方面经济发展落后，另一方面空间规划停滞，更难以形成具有一定经济规模且发挥城市功能的经济次中心。

表 3.4　多中心城市分布情况

时间	中小城市	大城市	总个数
2003	13	68	81
2004	12	70	82
2005	12	70	82
2006	16	83	99
2007	16	83	99
2008	15	84	99
2009	16	81	97
2010	16	85	101
2011	16	84	100
2012	15	86	101
2013	16	86	102
2014	16	86	102
2015	16	85	101
2016	16	85	101

数据来源：作者收集整理。

表 3.5 列出了 2003—2016 年多中心指数平均值排名前十五名和后十五名的城市。可看出，排名前十五的城市多为东部沿海大城市，且大多属于省会

城市或省级副中心城市。这是因为在城市规划上省会城市或者省级副中心城市肩负更多发展重任，更容易形成多功能中心城市。比如广州市已经形成了以海珠区、荔湾区、天河区和越秀区为中心区域，白云区、番禺区、花都区、黄埔区为外围制造业次中心的空间结构；深圳市作为全国性经济中心和创新中心城市，空间结构表现为以福田区、南山区、罗湖区为高端服务业和研发设计中心，盐田区作为海港物流基地，宝安区、龙岗区作为制造业集聚地，共同构成了城市的次中心；再如南京市已形成了以鼓楼区、秦淮区、玄武区、建邺区为服务业和现代金融业、商务商贸的中心城区，江宁区、六合区、浦口区、栖霞区、雨花台区为制造业次中心的空间格局。排名后十五位的城市也初步形成了多中心城市格局，如排在最末位的河北唐山市，形成了以路北区、路南区老城区为中心区域，丰南区、丰润区为外围制造业次中心的空间结构；再如福建省泉州市，作为省级副中心城市，也形成了以丰泽区为中心城区，鲤城区和泉港区为次中心的空间结构。这种多功能的城市空间布局必定影响城市集聚经济的实现，进而又会对城市创新产生什么样的影响，有待进一步验证。

表 3.5　多中心指数排名前十五位和后十五位的城市及其平均值（2003—2016 年）

前十五位城市	多中心指数	后十五位城市	多中心指数
北京市	0.891	临沂市	0.407
上海市	0.873	淮安市	0.407
广州市	0.839	泉州市	0.406
重庆市	0.836	韶关市	0.399
成都市	0.824	淄博市	0.395
武汉市	0.816	宿迁市	0.391
天津市	0.810	惠州市	0.379
西安市	0.807	贵阳市	0.375
南京市	0.795	焦作市	0.366
杭州市	0.751	江门市	0.360

（续上表）

前十五位城市	多中心指数	后十五位城市	多中心指数
佛山市	0.749	湛江市	0.349
汕头市	0.737	葫芦岛市	0.348
深圳市	0.731	秦皇岛市	0.266
长春市	0.725	鞍山市	0.248
沈阳市	0.717	唐山市	0.166

数据来源：作者收集整理。

3.3 创新活动地理分布格局

3.3.1 创新活动整体趋势分析

图3.4反映我国2001—2018年整体专利申请授权量情况，从图中可看到，我国专利申请量整体呈上升状态。尤其在2006年国务院发布《国家中长期科学和技术发展规划纲要（2006—2020）》之后，各地区相继出台一系列促进专利发展的创新激励政策，由于集聚效应和知识的溢出效应具有时空滞后特征（马静，2018），因此，其从2008年之后呈现爆炸式增长。2018年，全国申请授权的发明专利达到345 959件，实用新型专利达到1 471 759件，外观设计专利达到517 693件。其中实用新型专利和外观设计专利在总量上和增长速度上都明显高于发明专利，以实用新型专利增长趋势尤为突出，这一方面说明我国创新呈现快速增长的现象，但由于实用新型和外观设计研发周期较短，并不是实质性创新，因此从另一方面也突显出我国创新产出可能整体上质量不高，创新水平有待提高。

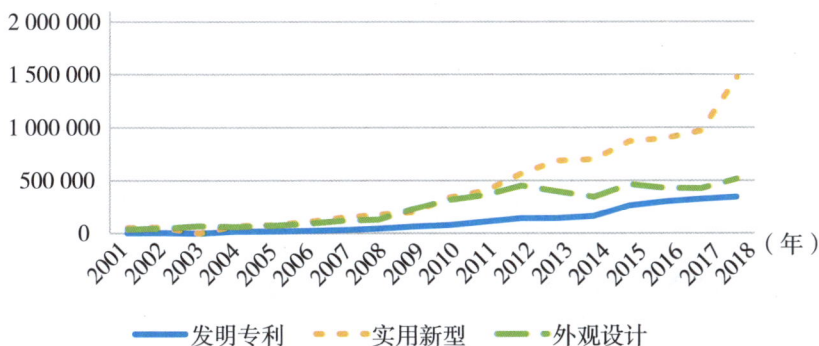

图 3.4　2001—2018 年全国三种专利申请授权量总量（件）趋势

数据来源：国家知识产权局，作者整理。

3.3.2　区域创新地理统计分析

本部分以创新指数进行分析，该数据来源于复旦大学产业发展研究中心发布的《中国城市和产业创新力报告 2017》。该指标的基础数据来源于国家知识产权局的发明专利数据，并使用专利更新模型估算了每个专利的经济价值，最终计算得出各城市行业的创新指数。图 3.5 给出了 2001—2016 年中国区域创新指数分布情况。[①] 可看出，东部地区创新指数比例远远高于中西部地区，说明绝大部分创新活动分布在东部沿海地区。创新是经济活动的一个缩影，东部沿海地区既是经济集聚地区也是创新活跃地区和研发中心，经济集聚与创新形成了良性的互动，而西部欠发达城市创新指数年平均值只占到全国创新指数 0.12 的比重，中部地区年均值占比 0.158，说明中国的创新活动呈现出明显的两极分化。

从趋势来看，东部地区呈上升趋势，在 2011 年达到最大比例 0.76，之后呈现略微下降趋势，而中西部地区从下降趋势转为上升趋势，原因可能在于创新激励政策的作用，使得各地区开展创新锦标赛，降低了创新的集聚度（寇宗来，2017）。

---

①　由于创新指数可以进行加总，因此本书以各区域城市创新指数之和与全国创新指数相除得之。以下城市群分组统计分析计算方法同理。

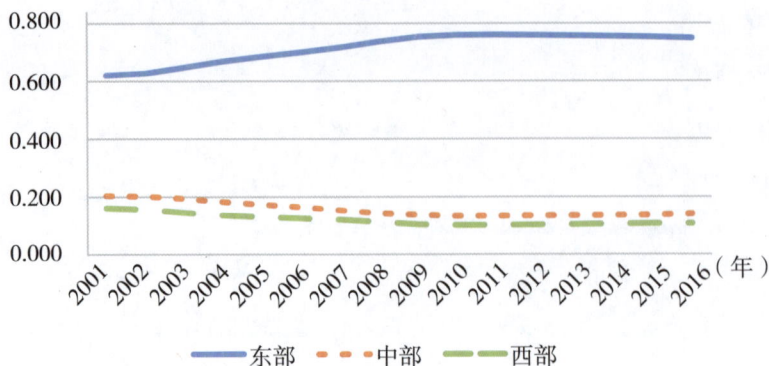

图 3.5　2001—2016 年中国创新指数区域占比走势

数据来源：《中国城市和产业创新力报告 2017》，作者整理。

为更清楚观察到创新产出空间格局不平衡问题，本书根据城市创新指数绘制了城市创新基尼系数图，如图 3.6 所示，基尼系数的计算参考式（3.1）。从图中可以看到创新在城市层面表现出极度的不平衡现象，2001—2016 年，创新基尼系数持续高于 0.76，并呈现上升趋势，2010 年达到最大值 0.851，随后有一定的下降趋势，但整体上城市间创新差距仍然较大。

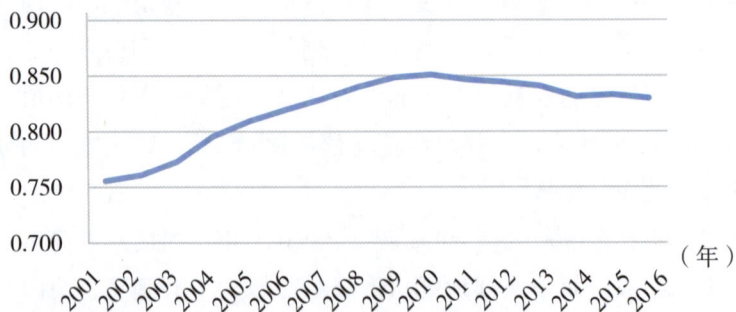

图 3.6　城市创新基尼系数

数据来源：《中国城市和产业创新力报告 2017》，作者整理。

3.3.3　城市群创新地理统计分析

中国城市创新表现出明显的以东部城市为中心，中西部城市为外围的特征，考虑到中国城市群的经济集聚特性，参考赵娜等（2017）对城市群的分类方法，本部分将对中国 5 个国家级城市群，7 个区域性城市群进行统计分析。从图 3.7 中可看出，我国创新空间格局发生了很大变化，创新主力从 2001 年的长三角与京津冀两大区域发展到 2016 年的长三角、京津冀和珠三角三足鼎立态势，这三大区域成为我国创新的集中地。在样本期间，三大区域整体上呈增长趋势，不断压缩其他区域增长空间，创新指数总和占比从 2001 年的 44.38%，增长到 2016 年的 62.76%，创新集聚现象愈发明显。

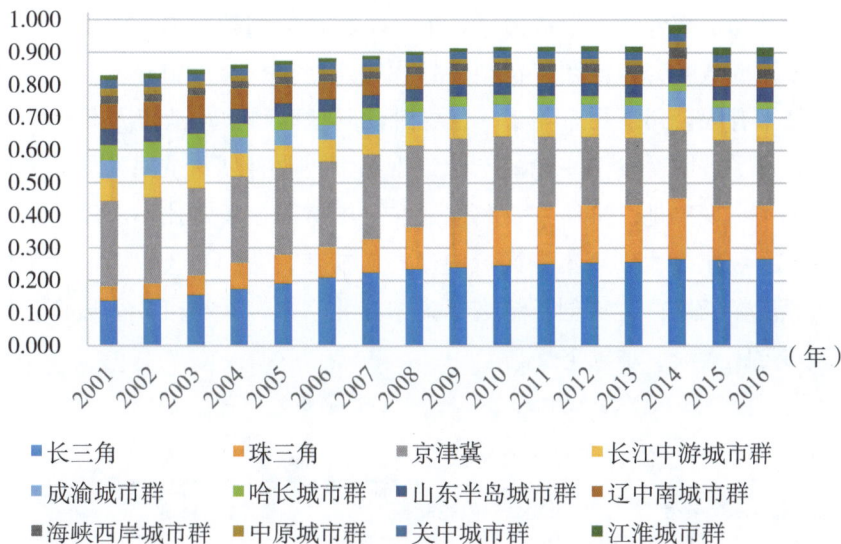

图 3.7　2001—2016 年我国城市群创新指数占比分布图

数据来源：《中国城市和产业创新力报告 2017》，作者整理。

从增长趋势上来看，珠三角增长最为迅速，创新指数占比从 2001 年的 4.38%，增长到 2016 年的 16.48%；长三角从 2001 年的 13.82%，增长到 2016 年的 26.23%；而京津冀呈现下降趋势，从 2001 年的 26.18%，下降到 2016 年的 19.65%。另外两个国家级城市群长江中游城市群和成渝城市群也呈现下降趋势。7 个区域型城市群中，只有山东半岛城市群、海峡西岸城市群和江淮城市群呈增长趋势，其他 4 个城市群占比均呈现下降趋势，说明城市群之间创新差距逐渐拉大的事实。

　　通过刻画城市群创新基尼系数，可以了解到城市群内部城市之间的创新差距，如图 3.8 所示。整体上看，创新基尼系数在 0.6 左右，说明创新集聚区域内部也表现出较大的创新差距。分区域来看，长三角创新基尼系数在 2001—2006 年期间呈增大趋势，但从 2007 年开始表现出明显的下降趋势，说明城市群内部创新差距在缩小。原因在于一方面各地的创新激励政策的作用，削弱了创新集聚压力；另一方面，城市群内部如杭州市、南京市、苏州市、宁波市、无锡市等城市制造业快速发展，知识的溢出作用和产业集聚效应持续发挥作用，使得创新分布更加均衡。同样得益于创新激励政策优势，珠三角地区创新基尼系数在 2001—2010 年呈现上升趋势，2011—2016 年出现下降趋势。这一时期，深圳市、广州市周边的城市如东莞市、佛山市加大了创新创业企业与高科技人才的引进力度，提升了城市的创新能力。如东莞市与国内各高校达成战略合作同盟，在国内外积极建立科技交流中心，尤其是近年来华为技术有限公司迁往东莞市，也会带动其他高科技产业以及相关制造商的产业布局，进而引发下一轮的产业集聚热潮，改善创新空间格局。另外值得一提的一个现象是，虽然京津冀地区在全国层面创新占比不断缩小，但是创新基尼系数在三大创新集聚区域中却高居榜首，达到 0.8 以上，并呈增长趋势。原因在于这一区域创新越来越集中在北京市、天津市 2 个城市，周围其他城市差距太大，难以企及。

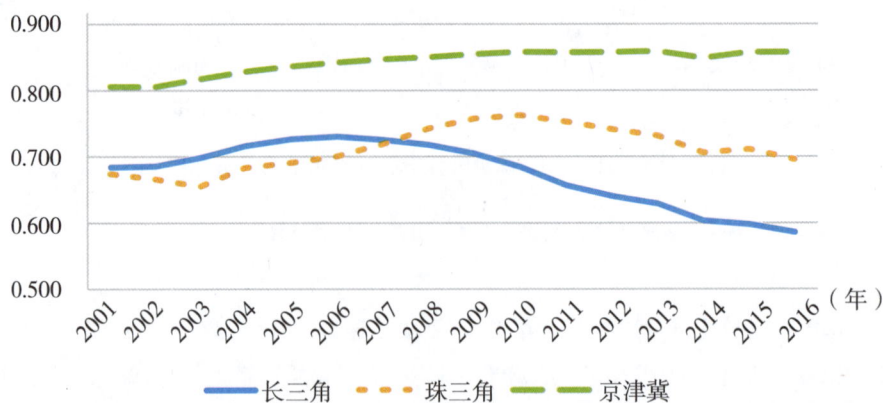

图 3.8　2001—2016 年三大城市群创新基尼系数

数据来源：《中国城市和产业创新力报告 2017》，作者整理。

3.3.4　不同城市规模创新地理统计分析

为观察不同城市规模创新差异，本书对 2017 年不同规模城市进行创新投入、创新产出、创新数量和创新质量上的比对分析，其中创新投入用 R&D 人员和 R&D 经费支出来衡量，创新数量用总专利申请量占比来衡量，创新质量用发明专利占比来衡量。

在城市规模的划分上，为详细观察到城市间创新活动的差异，依据 2014 年《国务院关于调整城市规模划分标准的通知》，将城市市辖区常住人口小于 100 万的归类为中小城市，进一步再将城区常住人口 100 万以上 300 万以下的归类为 Ⅱ 型大城市，300 万以上 500 万以下的归类为 Ⅰ 型大城市，500 万以上 1 000 万以下的归类为特大城市，1 000 万以上的归类为超大城市。详细分类之后的统计结果如图 3.9 所示，其中中小城市 136 个，Ⅱ 型大城市 120 个，Ⅰ 型大城市 12 个，包括青岛市、大连市、石家庄市、徐州市、苏州市、佛山市、深圳市、济南市、郑州市、长春市、长沙市、唐山市；特大城市 9 个，分别为哈尔滨市、杭州市、成都市、南京市、广州市、武汉市、沈阳市、汕头市、西安市；超大城市 4 个，分别为北京市、重庆市、上海市、天津市。

从图 3.9 可以看出，中小城市在总专利申请占比、发明专利占比、R&D 人员占比、R&D 经费支出占比方面都表现出绝对劣势，其中发明专利占比最低，说明中小城市不仅在创新投入和创新产出上都处于创新地理外围，在创新质量上也难以与大城市媲美。Ⅱ 型大城市，在四个指标的表现上好于中小城市。从创新投入来看，与 Ⅰ 型大城市差距较大，总专利申请占比上差距也较大，但在发明专利占比上，已经能和 Ⅰ 型大城市相提并论，这说明 Ⅱ 型大城市在发明专利上具有一定优势，创新效率较高。12 个 Ⅰ 型大城市在创新投入和创新产出上都占有绝对优势，反映出我国创新地理极度不平衡的问题，形成了明显的"中心—外围"空间格局。但另外一个问题也必须引起重视，从发明专利看，Ⅰ 型大城市虽然占比高于其他城市，但是表现不如专利总量突出，可能存在"策略创新"（黎文靖、郑曼妮，2016）占比偏高的问题，这反映出我国创新普遍存在的问题，即存在一定程度的专利泡沫问题（张杰、郑文平，2018）。9 个特大城市和 4 个超大城市，在创新投入上与"中心"城市差距较为明显，尤其在 R&D 经费支出占比上差距更大。从创新产出来看，总专利申请占比不高，但是发明专利占比表现突出，与 Ⅰ 型大城市差距相对不大。这类大城市以大企业居多，如华为技术有限公司、中兴通讯股份有限公司、中芯国际集成电路制造有限公司、腾讯科技（深圳）有限公司、中国石油化工股份有限公司、国家电网有限公司等行业领头企业占据多数，更加注重突破式创新，尤其是 4 个超大城市，表现出较高的创新质量优势。

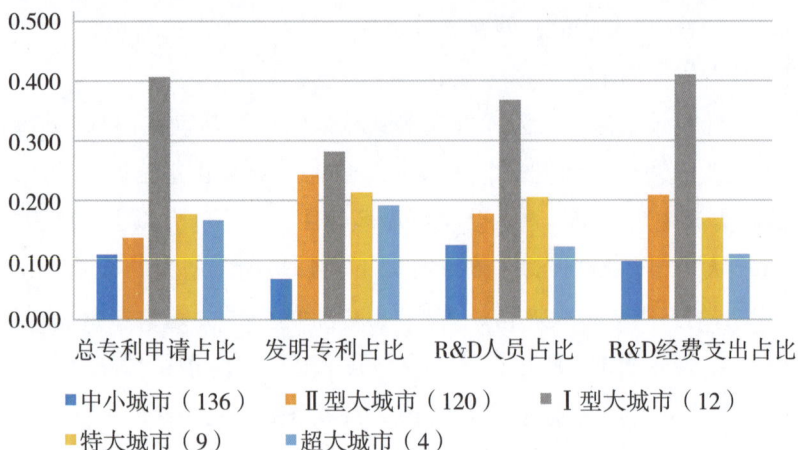

图 3.9　2017 年不同城市规模创新活动分布状况

数据来源：2018 年《中国城市统计年鉴》，作者整理。

3.4　行业创新差异

中国城市创新不仅在空间上表现出极大的不平衡，在产业上也表现出较大差异。本部分以微观企业发明专利数据为基础，对行业创新差异进行分析。1998—2009 年发明专利排名前 10 的行业如图 3.10 所示。这 10 个行业发明专利已经占全部制造业行业的 71.8%，说明创新主要在这几个行业集中。其中通信设备、计算机及其他电子设备制造业创新产出遥遥领先，几乎占到 20% 的比例，是排名第二的电气机械及器材制造业占比的 2 倍，相当于排名 6 ~ 10 位行业的发明专利总和，创新能力最强。另外，本书给出了排名前 10 行业的城市分布 10 强，如表 3.6 所示，从中可以清楚地观察到我国行业—城市创新地理分布情况。这些城市多为东部沿海城市或者一线城市，反映出我国创新地理分布不均衡的情况。

图 3.10　1998—2009 年制造业两位码行业发明专利均值占比排名前 10

数据来源：He et al.（2016）中国专利数据项目与《中国工业企业数据库》的匹配数据，作者整理。

表 3.6　创新前 10 行业—城市分布前 10

行业	城市
通信设备、计算机及其他电子设备制造业	深圳市、上海市、北京市、天津市、佛山市、苏州市、青岛市、杭州市、广州市、沈阳市
电气机械及器材制造业	天津市、深圳市、上海市、南京市、保定市、青岛市、北京市、苏州市、佛山市、无锡市
仪器仪表及文化、办公用机械制造业	深圳市、南京市、北京市、上海市、苏州市、杭州市、长春市、株洲市、绵阳市、沈阳市
专用设备制造业	上海市、北京市、深圳市、苏州市、南京市、无锡市、长沙市、西安市、沈阳市、天津市
交通运输设备制造业	上海市、芜湖市、重庆市、沈阳市、株洲市、台州市、长春市、杭州市、苏州市、北京市
通用设备制造业	上海市、苏州市、无锡市、北京市、天津市、宁波市、荆门市、绍兴市、杭州市、大连市

（续上表）

行业	城市
化学原料及化学制品制造业	上海市、北京市、天津市、南京市、淄博市、武汉市、苏州市、杭州市、常州市、岳阳市
金属制品业	上海市、保定市、深圳市、苏州市、天津市、北京市、无锡市、南京市、湘潭市、杭州市
医药制造业	天津市、上海市、北京市、贵阳市、成都市、广州市、连云港市、昆明市、台州市、杭州市
非金属矿物制品业	上海市、北京市、无锡市、淄博市、佛山市、内江市、郑州市、天津市、深圳市、洛阳市

数据来源：He et al.（2016）中国专利数据项目与《中国工业企业数据库》的匹配数据，作者整理。

3.5　本章小结

本章首先从产业集聚角度和空间结构角度对中国城市的经济集聚现状进行了分析，发现中国经济集聚呈现以下基本特征事实：①中国产业集聚不平衡现象仍然十分严重，分区域来看，西部城市集聚水平最高，城市之间差距最大，东部城市次之，中部城市集聚水平最低。分城市规模来看，大城市集聚水平高于中小城市，且城市间集聚水平差异较大。②从产业集聚模式来看，大城市以劳动密集型和技术密集型产业集聚为主，中小城市以资源密集型和劳动密集型产业集聚为主。大城市产业种类较多且更为均衡，比中小城市多样化集聚程度更高。③中国城市存在经济密度下降的趋势，从土地人口弹性值来看，存在普遍的城市蔓延现象，分区域来看，中部城市和西部城市蔓延更为严重。④从城市规模来看，中小城市比大城市存在更严重的城市蔓延现象，大城市多中心集聚城市数目多于中小城市。

其次从东中西三大区域、12个城市群层面、不同城市规模层面以及行业层面对中国创新地理作了统计对比分析，发现了以下基本事实：①中国创新活动主要集中在东部城市，中西部与之差距较大，中国城市创新基尼系数长期高于0.76，城市间创新差距较大。②从城市群来看，中国创新从2001年在长三角与京津冀集聚到2016年形成长三角、京津冀和珠三角三足鼎立态势，三大区域成为我国创新的集中地。京津冀城市群创新基尼系数最高并呈上升趋势，城市间创新差距最大，珠三角创新基尼系数从 2010 年开始有缩小趋势，长三角从 2007 年开始也呈现不断下降趋势。③从不同城市规模看，中小城市在创新投入与创新产出上都处于创新地理格局"外围"地区，创新活动主要集中在大城市、超大城市以及特大城市。④从行业分布来看，创新主要集中在通信设备、计算机及其他电子设备制造业，电气机械及器材制造业等十大高技术行业上，在城市分布上又主要集中在大城市，反映出我国创新不仅在地理上不平衡，行业上也不平衡的事实。

　　以上对我国经济集聚特征的分析以及对创新地理在不同区域、不同城市群、不同城市规模、不同行业上的多角度数理分析为本书后续实证提供了铺垫：中国创新地理不平衡的原因是什么？为什么创新会在东部沿海等一些大城市集聚？这些城市同时又是经济集聚的典型区域，经济集聚会影响城市创新能力吗？进一步，这些城市的产业集聚特征是否会影响城市创新？城市内部的空间结构特征作为经济集聚的空间反映模式又对城市创新起到什么作用？这些问题有待实证检验。本书后续实证章节，首先从集聚效应和选择效应角度对大城市创新优势来源进行验证，进一步再从产业集聚模式与空间结构角度寻找城市创新的源泉并进行作用机制上的检验，以寻求中国创新地理不平衡的答案，为提升城市创新能力提供有力的理论支撑。

第④章　大城市创新优势来源：
集聚效应还是选择效应

如第 3 章所展示的那样，不仅经济集聚存在地理集中的现象，创新活动也表现出空间集聚现象，中国城市创新产出呈现出"中心—外围"的特征。然而，一个十分重要却悬而未决的问题是，城市创新为什么具有如此大的差距，或者说大城市为什么具有更大的创新优势？从新经济地理学的角度出发，集聚效应是创新空间集中的重要影响因素，当前文献在集聚方向也给予了一定的证明，来自 Marshall（1890）的知识溢出、产业关联、劳动力池三大集聚外部性起着重要作用。但正如"新"新经济地理学所说，忽略企业异质性所带来的"选择效应"，可能会带来错误归因问题和高估集聚效应的问题。基于中国的情景考量，城市创新差距是否存在"选择效应"？"集聚效应"和"选择效应"孰重孰轻？进而基于城市规模异质性、行业技术水平异质性以及企业异质性的考量下，集聚效应和选择效应表现是否一样？本章将通过理论模型和实证分析回答这些问题，揭开中国创新差距的来源问题，从而为提升城市创新水平提供建设性的意义。在实证设计方面，本章首先基于余壮雄和杨扬（2014）的混合格点搜索 NLS 改良算法测算出不同城市划分标准下大城市 S、D、A 估计值，并参考张国峰、王永进（2018）的做法，进一步定量测算创新不同分位点处集聚效应和选择效应的贡献大小。然后基于不同创新代理变量、不同行业以及企业不同规模、不同年龄的分组情况，观察集聚效应与选择效应的不同表现。

4.1　模型设定

本书借鉴 Combes et al.（2012a）嵌套模型，基于城市消费者对新产品的需求函数，引入集聚外部性，分析创新型企业被大城市留存以及低创新型企业被大城市淘汰的过程。

4.1.1 新产品的需求函数

借鉴 Combes et al.（2012a）嵌套模型：假设经济中有 I 个城市，第 i 个城市的人口为 N_i，消费者的效用函数为：

$$U = q^0 + \alpha \int_{k \in \Omega} q^k \mathrm{d}k - \frac{1}{2}\gamma \int_{k \in \Omega} (q^k)^2 \mathrm{d}k - \frac{1}{2}\eta \left(\int_{k \in \Omega} q^k \mathrm{d}k \right)^2 \quad (4.1)$$

其中，q^0 为同质产品消费量，q^k 为差异产品集合 Ω 中的第 k 种产品的销售数量，α、γ、η 为差异产品的效用识别参数。α 越高，η 越小，相对于同质产品，消费者对差异产品的需求越高，γ 越高，意味着差异产品之间的差异越大。在预算约束下，当消费者效用函数最大时，新产品 k 的需求函数如下：

$$q^k = \begin{cases} \dfrac{1}{\gamma + \eta w}\left(\alpha + \dfrac{\eta}{\gamma}wP\right) - \dfrac{1}{\gamma}p^k & \text{if } p^k \leqslant \bar{h} \equiv P + \dfrac{\gamma(\alpha - P)}{\gamma + \eta \omega} \\ 0 & \text{if } p^k > \bar{h} \end{cases} \quad (4.2)$$

其中，p^k 表示差异化产品 k 的价格，$\bar{h}$ 来源于 $q^k \geqslant 0$ 的约束，且 $\bar{h} > P$。

假定企业生产每单位同质产品需要 1 单位劳动，单位劳动工资为 1，同质产品之间无贸易成本，满足规模报酬不变条件。差异化产品市场为垄断竞争市场，每个厂商在支付 s 单位科研经费之后，雇用 h 单位的科研人员，可以生产 1 单位的差异化产品，也即新产品。各个企业的边际成本不同，所有地区厂商的研发边际成本服从概率密度函数 $g(h)$，其累积密度函数为 $G(h)$，若厂商的研发边际成本 h 远远高于 $\bar{h}$，接近无穷，则新产品需求量为 0，企业被迫退出竞争市场。因此经济均衡时的新产品集合为 $\bar{\Omega} = \{k \in \Omega \mid h \leqslant \bar{h}\}$。

设工业品间贸易成本为"冰山式"成本，τ 单位产品（$\tau \geqslant 1$），当企业跨地区销售时，$\tau > 1$。假设城市 j 的人口为 N_j，则城市 j 对城市 i 研发边际成本为 h 的企业新产品总需求量为：

$$Q_{ij}(h) = \begin{cases} \dfrac{N_j}{\gamma}\left[\bar{h}_j - p_{ij}(h)\right] & \text{if } p_{ij}(h) \leqslant \bar{h}_j \\ 0 & \text{if } p_{ij}(h) > \bar{h}_j, p_{ij}(h) \to \infty \end{cases} \quad (4.3)$$

4.1.2　集聚经济的影响

根据 Marshall（1890）外部性理论，集聚经济可以使企业之间进行技术交流，共享隐性知识，培育创新氛围，节省交易成本，实现行业内外的劳动力共享，进而提高企业的突破能力和创新产出机会。一个著名的例子，如硅谷 IT 产业集群，几乎雇用了全美 10% 的信息技术人员，截至 2013 年，拥有了美国 12% 的专利产出。创新需要高技能人才，高创新企业对高技术人才的需求较大，而低创新企业很可能由于人才上的不匹配而被迫离开集聚地（Fang，2020）。因此，与 Combes et al.（2012a）不同的是，这里我们只讨论集群地劳动力市场上高技能人才的需求和供给对创新的影响。假设城市 i 高技能劳动力供给函数为 $a(N_i + \delta \sum_{j \neq i} N_j)$，其中，$a(0) = 1, a' > 0, 0 \leqslant \delta \leqslant 1$。城市 i 对高技能劳动力的需求函数为：

$$l_i(h) = \frac{(\sum_j Q_{ij}(h)h)}{a(N_i + \delta \sum_{j \neq i} N_j)} \tag{4.4}$$

令 $A_i = \ln [a(N_i + \delta \sum_{j \neq i} N_j)]$，代表城市 i 的集聚效应。根据 Romer（1990）关于知识积累的思想，创新产出不仅与劳动有关，也会受到资本与现有知识存量等其他因素的影响，为简化模型，这里只考虑集聚带来的劳动力池效应以及高技能人才与创新的匹配程度 $f(\omega_i)$。假设创新所需要的人才匹配程度临界值为 m，当 $f(\omega_i) \geqslant m$ 时企业才能有所突破，而低创新企业一方面因研发成本接近无穷，另一方面受制于高技能人才与创新的低匹配率，可能导致极低的创新产出，进而被竞争激烈的市场所淘汰。因此根据城市 i 的高技能劳动力需求函数 $l_i(h)$，可得城市 i 企业的创新产出函数为：

$$\emptyset_i(h) = \begin{cases} \ln\left(\dfrac{\sum_j Q_{ij}(h)}{l_i(h)}\right) f(\omega_i) = (A_i - \ln(h)) f(\omega_i) & f(\omega_i) \geqslant m \\ 0 & f(\omega_i) < m \end{cases} \tag{4.5}$$

定义 $S_i = 1 - G(\bar{h_i})$ 为城市 i 低创新企业退出市场的厂商比例。设 $\tilde{F}(\emptyset) = 1 - G(e^{-\emptyset})$，则 $\tilde{F}(\emptyset)$ 表示没有集聚效应（$A_i = 0$）与选择效应（$\bar{h_i} \to \infty$）时厂商创新产出对数值的累积密度函数，并假定大城市 i 与小城市 j 的潜在累积密度相同。同一地区企业获得的集聚效应不一定相同，高效率企业可能获得更大的集聚效应。此时，单位高技能劳动者的有效劳动供给为 $a(N_i + \delta \sum_{j \neq i} N_j) h^{-(D_i - 1)}$，其中 $D_i = \ln [d(N_i + \delta \sum_{j \neq i} N_j)]$，代表不同效率的劳动者从集聚经济中获益的程度，也即增强效应，若 $D_i = 1$，获益程度相同。借鉴 Combes et al.（2012a），则城市 i 企业创新产出对数值的实际累积密度函数为：

$$F_i(\emptyset) = \max\left\{0, \frac{\tilde{F}\left(\frac{\emptyset - A_i}{D_i}\right) - S_i}{1 - S_i}\right\} \quad (4.6)$$

此时，在概率分布图上，参数 A_i 代表由集聚效应引起的累积分布的水平移动，参数 D_i 代表由集聚效应引起的累积分布的伸缩规模，S_i 为低创新企业退出市场的概率。对于不同的城市，这些参数的取值不尽相同，一般大城市要比小城市具有更大的右拖尾与更多的左尾截断。

小城市 j 受到选择效应 S_j、集聚效应 A_j 和增强效应 D_j 影响后的实际企业创新产出对数累积密度函数分布为：

$$F_j(\emptyset) = \max\left\{0, \frac{\tilde{F}\left(\frac{\emptyset - A_j}{D_j}\right) - S_j}{1 - S_j}\right\} \quad (4.7)$$

令 $D = \frac{D_i}{D_j}$，$A = A_i - DA_j$，$S = \frac{S_i - S_j}{1 - S_j}$，则此时，参数 D、A 和 S 反映的是不同城市规模企业创新产出对数值分布的相对位置和截尾的情况。参数 D 为城市间企业创新产出的标准差之比，可以反映集聚效应的企业异质性。D 大于 1，说明大城市高创新企业在小城市的基础上存在一定的拉伸，高创新企业受益更大，创新产出更为分散，也即增强效应；D 小于 1，说明大城市的创新产出分布比小城市的更集中，低创新产业获益更大。参数 A 是经过标准差调整之后的分布均值之差，A 大于 0 则意味着大城市右拖尾趋势更强，集聚效应更强。参数 S 是城市间创新产出分布截尾的比较，S 大于 0，说明大城市的选择效应更强，淘汰低效率企业的概率更高。各参数值的含义，可以用表 4.1 来表示。

表 4.1　参数估计值的含义

参数	S		A		D	
效应	选择效应		集聚效应		集聚效应异质性（增强效应）	
取值	>0	<0	>0	<0	>1	<1
含义	大城市淘汰低创新企业，存在选择效应	大城市不存在选择效应	集聚效应促进大城市创新	拥挤效应抑制大城市创新	大城市高创新企业受益"集聚效应"更大	大城市低创新企业受益"集聚效应"更大

如果 $S_i > S_j$，

$$F_i(\emptyset) = \max\left\{0, \frac{F_j\left(\dfrac{\emptyset - A}{D}\right) - S}{1 - S}\right\} \tag{4.8}$$

如果 $S_i < S_j$，

$$F_j(\emptyset) = \max\left\{0, \frac{F_i(D\emptyset + A) - \dfrac{-S}{1-S}}{1 - \dfrac{-S}{1-S}}\right\} \tag{4.9}$$

通过大城市与小城市创新产出分布的相互转换，以及创新产出分布的分位数转换，可以得到矩条件，公式如下：

$$m_\theta(u) = \lambda_i(r_s(\mu)) - D\lambda_j(S + (1-S)r_s(\mu)) - A, \mu \in [0,1] \quad (4.10)$$

$$\tilde{m}_\theta(u) = \lambda_j(\tilde{r}_s(\mu)) - \frac{1}{D}\lambda_i\left(\frac{\tilde{r}_s(\mu) - S}{1-S}\right) + \frac{A}{D}, \mu \in [0,1] \quad (4.11)$$

其中，记 $\lambda_k(v) = F_k^{-1}(v)$，表示 F_k 在概率为 v 处的分位点，$k = i, j$；$\theta = (A, D, S)$，$r_s(u) = \max\left\{0, \dfrac{-S}{1-S}\right\} + \left(1 - \max\left\{0, \dfrac{-S}{1-S}\right\}\right) u$，$\tilde{r}_s(u) = \max\{0, S\} + (1 - \max\{0, S\}) u$。通过 Combes et al.（2012a）建议的线性插值法求得任意概率 $u \in (0, 1)$ 的样本分位数估计，则可得最终的目标函数来求解参数的估计：

$$\begin{cases} \hat{\theta} = argmainM(\theta) \\ \text{s.t.} \quad M(\theta) = \int_0^1 (\hat{m}_\theta(\mu))^2 \mathrm{d}u + \int_0^1 (\hat{\tilde{m}}_\theta(u))^2 \mathrm{d}u \end{cases} \quad (4.12)$$

其中，$\displaystyle\int_0^1 (\hat{m}_\theta(\mu))^2 \mathrm{d}u \approx \frac{1}{2}\sum_{k=1}^{K} (\hat{m}_\theta(u_k))^2 + (\hat{m}_\theta(u_{k-1}))^2 (u_k - u_{k-1})$；

$\displaystyle\int_0^1 (\hat{\tilde{m}}_\theta(\mu))^2 \mathrm{d}u \approx \frac{1}{2}\sum_{k=1}^{K} (\hat{\tilde{m}}_\theta(u_k))^2 + (\hat{\tilde{m}}_\theta(u_{k-1}))^2 (u_k - u_{k-1})$。计算时，取 $K = 1\,001$，u 取将 $[0, 1]$ 区间进行 1 000 等分的断点，$u_0 = 0$，$u_k = 1$。得到参数 A、D、S 的估计值后，用 $R^2 = 1 - M(\hat{A}, \hat{D}, \hat{S})/M(0, 1, 0)$ 计算模型的模拟效果，即大城市与小城市创新产出分布差异中可以由 $\hat{A}$、$\hat{D}$、$\hat{S}$ 解释的部分。

4.1.3　混合格点搜索的 NLS 模型估计

虽然 Combes et al.（2012a）的模型对最优化线性函数进行了线性展开，对分位数函数进行了模拟，但是其仍然是待估参数的一个非常复杂的非线性函数，求解较为复杂。因此，本书参考余壮雄和杨扬（2014）提出的格点搜索方法对上述模型进行简化并获取参数 A、D、S 的估计值。这种方法优点在于：首先格点搜索方法降低了目标函数的非线性程度，在迭代求解过程中更能保证最优解的有效性。其次这种方法在寻找最优解的同时，可以直接获得

参数 A、D 的方差估计，简化了求解过程。具体计算过程如下：

对任意的 $k \in [1, \cdots, K]$，$u_k - u_{k-1} = b$，其中 b 为某个固定的常数，则最终的目标函数可以等价转化为如下函数：

$$N(\theta) = N_1(\theta) + N_2(\theta) = \sum_{k=1}^{K} (a_k \widehat{m}_\theta(u_k))^2 + \sum_{k=1}^{K} (a_k \widehat{\widetilde{m}}_\theta(u_k))^2$$

$$(4.13)$$

其中 $a_k = 1$，$k \in [2, \cdots, K]$，$a_1 = a_K = 1/\sqrt{2}$。

记 $y_{1k}(S) = a_k \widehat{\lambda}_i(r_s(u_k))$，$x_{1k}(S) = a_k \widehat{\lambda}_j(S + (1-S) r_s(u_k))$，$y_{2k}(S) = a_k \widehat{\lambda}_j(\widetilde{r}_s(u_k))$，$x_{2k}(S) = a_k \widehat{\lambda}_i\left(\frac{\widetilde{r}_s(u_k) - S}{1-S}\right)$，如此，则 $a_k \widehat{m}_\theta(u_k)$ 和 $a_k \widehat{\widetilde{m}}_\theta(u_k)$ 可展开为线性函数的形式：

$$a_k \widehat{m}_\theta(u_k) = y_{1k}(S) - Dx_{1k}(S) - Aa_k,\ a_k \widehat{\widetilde{m}}_\theta(u_k) = y_{2k}(S) - D^{-1}x_{2k}(S) - D^{-1}Aa_k$$

记 $Y_1(S) = \begin{bmatrix} y_{11}(S) \\ \vdots \\ y_{1K}(S) \end{bmatrix}$，$X_1(S) = \begin{bmatrix} x_{11}(S) \\ \vdots \\ x_{1K}(S) \end{bmatrix}$，

$Y_2(S) = \begin{bmatrix} y_{21}(S) \\ \vdots \\ y_{2K}(S) \end{bmatrix}$，$X_2(S) = \begin{bmatrix} x_{21}(S) \\ \vdots \\ x_{2K}(S) \end{bmatrix}$

则 $N_1(\theta)$，$N_2(\theta)$ 变换为内积的形式：

$$N_1(\theta) = [Y_1(S) - DX_1(S) - Aa]'[Y_1(S) - DX_1(S) - Aa]$$

$$N_2(\theta) = \left[Y_2(S) - \frac{1}{D}X_2(S) + \frac{A}{D}a\right]'\left[Y_2(S) - \frac{1}{D}X_2(S) - \frac{A}{D}a\right]$$

其中，$a' = (a_1, \cdots, a_K)$，记 $Y(S) = \begin{bmatrix} Y_1(S) \\ Y_2(S) \end{bmatrix}$，$Z_1(S) = \begin{bmatrix} X_1(S) \\ 0 \end{bmatrix}$，$Z_2(S) = \begin{bmatrix} 0_K \\ X_2(S) \end{bmatrix}$，$d_1 = \begin{bmatrix} a \\ 0_K \end{bmatrix}$，$d_2 = \begin{bmatrix} 0_K \\ a \end{bmatrix}$，则目标函数（4.13）可以等价变换为如下

形式：

$$\begin{cases} N(\theta) = \varepsilon(S)' \in (S) \\ \text{s. t.}\quad \varepsilon(S) = Y(S) - DZ_1(S) - \dfrac{1}{D}Z_2(S) - Ad_1 + \dfrac{A}{D}d_2 \end{cases} \quad (4.14)$$

因此，如果参数 S 的取值已知，由式（4.14）可知，求解目标函数则相当于求解参数 A 和 D 的非线性 LS 估计，因此我们第一步的工作需求出 S 的取值。由于 S 衡量的是不同规模城市企业创新产出分布截尾的相对比例，其取值必定在一个有限的区间内，且必定小于 1，因此我们可以使用格点搜索来进行求解。也即我们先对 S 进行格点搜索求解，然后对 A 和 D 使用 NLS 估计，步骤如下：

①给定搜索区间 $[c, d]$，以一定的精度将区间划分为 Q 等份。

②S 取 $[c, d]$ 区间划分的任意断点，计算变量 $Y(S)$、$Z_1(S)$、$Z_2(S)$，估计非线性模型式（4.14）的变换形式，如式（4.15）所示：

$$Y(S) = DZ_1(S) + \frac{1}{D}Z_2(S) + Ad_1 - \frac{A}{D}d_2 + \varepsilon(S) \quad (4.15)$$

计算对应的均方残差 MSR。

③根据 MSR 最小找到对应的参数 S，并进行非线性估计，求出 A 和 D 的值。

在实际数据计算中，给定区间 $[c, d] = [-0.5, 0.5]$，$Q = 100$。余壮雄和杨扬（2014）建议为了保证最优解的准确性，可以放弃部分矩条件来确保求解参数 S 的有效性。也即只使用式（4.10）的矩条件，放弃式（4.11）的矩条件。因此目标函数可以简化为 $N_1(\theta)$。在进行步骤②计算时，通过对 $N_1(\theta)$ 进行格点搜索，在给定 S 的条件下，参数 A 和 D 对应的则是一个线性回归方程，估计方程如式（4.16）所示，可用简单的 LS 方法求解得出。其中，$\varepsilon_1(S)$ 为对应的误差项。

$$Y_1(S) = DX_1(S) + Aa + \varepsilon_1(S) \quad (4.16)$$

4.2　数据说明

4.2.1　数据来源

本书数据来源于三部分。第一部分是专利数据。参考现有文献的研究，本书将企业申请专利总数作为衡量企业创新能力的指标。首先，这是由于专利申请是代表科技资源投入产出的最好体现，反映了企业资源利用和使用效率的能力，也代表了企业的创新能力（周煊等，2012）；其次，专利授权量易受"寻租"活动影响（Tan et al.，2014），并不能真实反映企业的真实创新水平；最后，由于企业层面的研发投入数据存在大量缺失，也并不是衡量企业创新能力的有效指标。鉴于此，本书选择企业的申请专利数据来进行衡量。数据来源于 He et al.（2016）的中国专利数据项目。该项目将国家知识产权局的企业专利数据与工业企业数据样本中的企业进行了严谨的匹配，共包含 1998—2009 年 1 113 588 条工业企业层面的专利申请记录，通过合并整理，共得到 138 045 个具有专利申请数据的企业样本数据。为确保专利申请人所在地与其所在城市研究上的一致性，本书根据申请人地址提取出了企业所属地级市名称和代码，并以此为企业—城市分属基准。

由于上述专利数据并不涵盖企业属性特征，因此本书的第二部分数据来源于 1998—2009 年《中国工业企业数据库》。鉴于《中国工业企业数据库》存在缺失遗漏等问题，参考 Brandt et al.（2012）的做法，对数据库进行了以下调整：①对错误的企业代码、使用年份较早的代码进行调整，并删除重复和错误企业代码。②将企业关键指标如工业总产值、全部职工人数、总资产和工业增加值等缺失或等于零的观测值进行年度均值的填充，再将关键指标缺失以及为负值的样本删除。③将全部职工人数小于 8 的样本删除。④删除不符合一般会计准则的观测样本，并将显示在不合理年份开工的企业删除。⑤为避免异常值的影响，本书对关键变量的观测值进行了 1% 的上下缩尾处理。

最后，本书根据专利申请人名称，将专利数据库与《中国工业企业数据库》进行了匹配。鉴于《中国工业企业数据库》中一些企业中途变更了企业名称或者企业代码，为尽可能地保留专利数据，参考 Brandt et al.（2012）的方法，本书对数据库进行了跨期匹配。在行业的选择上，由于 6 ~ 12 制造业行业均是依赖于自然资源的采矿业相关行业，虽然企业数目可观，有一定的专利申请数据，但由于企业只集中在少数区域，不具有可比性，遂进行剔除，最终只保留两位码 13 ~ 46 的 33 个制造业行业样本数据，由于数据库中并未包含 38 代码行业，因此将其除外。

本书选择就业密度（从业人数/土地面积）、人口密度、市辖区人口三类指标对城市规模进行划分，因此第三部分数据来源于《中国城市统计年鉴》。综合三部分数据，除去西藏、青海等缺乏数据的区域，最终保留 281 个地级市，33 个制造业行业，125 713 个企业样本数据。

4.2.2　统计分析

在城市规模的划分上，本书参考 Combes et al.（2012a）的标准，根据城市就业密度以及人口密度中位数，将城市就业密度（人口密度）大于中位数的归为大城市，将城市就业密度（人口密度）小于中位数的归为小城市。为避免分类点导致的回归误差，本书还依据城市就业密度和人口密度的均值划分大小城市。另外一个分类标准是市辖区人口规模，依据 2014 年国务院《关于调整城市规模划分标准的通知》，将市辖区人口大于 100 万人的定义为大城市，将市辖区人口规模小于 100 万人的定义为小城市。除此之外，参考余壮雄和杨扬（2014）的研究，本书还将城市人口大于所有城市人口中位数（均值）的归类为大城市，将城市人口小于所有城市人口中位数（均值）的归类为小城市。大小城市专利产出比较如表 4.2 所示。

表 4.2　大小城市专利产出比较

分类依据	样本分类	样本数	均值	标准差	最小值	最大值
就业密度中位数	大城市	114 885	7.156	52.876	1	6 384
	小城市	10 628	4.609	14.459	1	503
就业密度均值	大城市	97 469	7.478	56.566	1	6 384
	小城市	28 044	5.074	20.242	1	1 291
人口密度中位数	大城市	109 856	7.202	53.878	1	6 384
	小城市	15 657	5.105	17.019	1	1 331

（续上表）

分类依据	样本分类	样本数	均值	标准差	最小值	最大值
人口密度均值	大城市	99 862	7.274	55.679	1	6 384
	小城市	25 651	5.642	23.233	1	1 331
人口规模（100 万）	大城市	98 986	7.402	56.357	1	6 384
	小城市	26 727	5.203	18.358	1	1 139
市辖区人口中位数	大城市	107 321	7.256	54.322	1	6 384
	小城市	18 392	5.057	19.142	1	1 139
市辖区人口均值	大城市	94 229	7.499	57.656	1	6 384
	小城市	31 484	5.245	17.948	1	1 139

　　为了更直观地反映大城市的创新优势，本书绘制了根据就业密度中位数分类的城市专利产出与城市规模的散点图，以及大小城市专利产出对数的核密度图，如图4.1（a）与图4.1（b）所示。从图中可看出，城市的创新产出与城市规模之间确实存在正向的相关关系，城市规模越大，创新产出越多。另外，通过图4.1（b）可以看出，大城市的核密度图峰值较小城市核密度图高而且更偏右，并且大城市的专利产出分布整体上比小城市专利分布更加向右偏移，具有明显的右拖尾趋势，说明大城市创新产出优势明显，城市群内低创新企业相对较少。

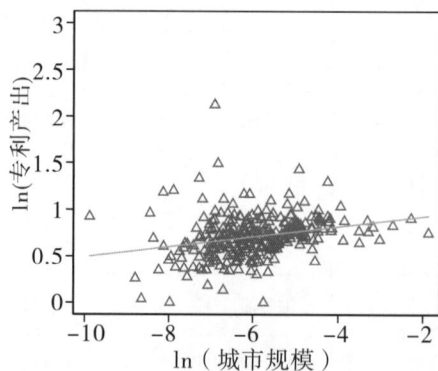

图 4.1（a）　专利产出与城市规模散点图　　图 4.1（b）　大小城市专利产出核密度图

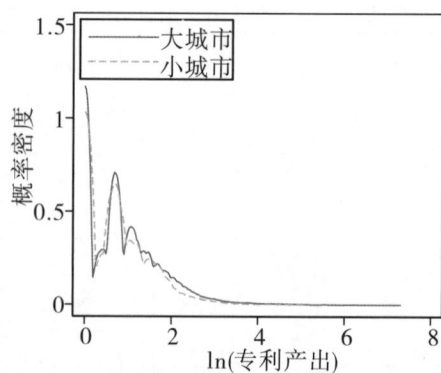

4.3 效应识别：集聚效应与选择效应

4.3.1 基准回归结果

4.3.1.1 基准回归

本书首先报告了不同城市划分标准下，大小城市企业专利产出的差异。表4.3给出了基于格点搜索NLS估计得到的结果，列出了参数S、D、A的拟合值及其对应的标准误差，同时也给出了模型拟合程度的R值。为保证最优值搜寻的准确性，作为对比，本书也在格点搜索的框架下，使用基于部分矩条件下的LS估计来计算各个参数，结果如表4.3所示。从回归结果来看，不管是哪种划分标准均显示参数A显著大于0，说明大城市存在集聚效应，它是大城市创新优势的重要来源。参数S估计值并不为0，说明大城市创新优势也存在一定的选择效应。生产率低的企业或者创新能力较弱的公司很难在集聚程度较高的城市存活下去，其中的重要原因应为激烈的竞争，企业之间不仅面临着由于争夺集聚利益而带来的空间竞争，还要面临产品、劳动力、供应商的竞争，创新能力较弱的企业可能在一定半径范围内匹配不到合适的资源，被迫退出激烈的竞争市场。Fang（2020）对马里兰州创新活动的研究也表明，在非集聚区，非创新企业的存活率为99%，而在集聚地区，非创新企业的存活率仅为97.4%，这说明在集聚区表现出了选择效应。另外，我们观察到不管采取哪种城市划分标准，参数S的估计值都远远小于参数A的估计值，差距在6~8倍之间，这表明，集聚效应才是大城市创新优势的主要贡献力量，当然选择效应也不能忽略。参数D估计值显著大于1，说明存在明显的集聚增强效应，大城市中高专利产出企业受益于集聚效应更多，当然这也增加了企业之间的创新差距，表现为大城市专利产出分布右拖尾明显，分布更为扩散。

表4.3 城市不同划分标准基本回归结果

所有矩条件的 NLS						
分类依据	S	D		A		R^2	N
就业密度中位数	0.09	1.162	(0.002)	0.712	(0.008)	0.924	125 513

（续上表）

所有矩条件的 NLS

分类依据	S	D		A		R^2	N
就业密度均值	0.09	1.143	(0.002)	0.623	(0.007)	0.933	125 513
人口密度中位数	0.03	1.050	(0.002)	0.201	(0.007)	0.516	125 513
人口密度均值	0.03	1.051	(0.001)	0.202	(0.005)	0.625	125 513
人口规模（100 万）	0.06	1.088	(0.002)	0.370	(0.007)	0.806	125 713
市辖区人口中位数	0.03	1.056	(0.002)	0.228	(0.008)	0.472	125 713
市辖区人口均值	0.03	1.036	(0.001)	0.141	(0.004)	0.669	125 713

部分矩条件的 LS

分类依据	S	D		A		N
就业密度中位数	0.09	1.159	(0.003)	0.701	(0.011)	125 513
就业密度均值	0.09	1.141	(0.002)	0.614	(0.009)	125 513
人口密度中位数	0.03	1.047	(0.003)	0.188	(0.011)	125 513
人口密度均值	0.03	1.049	(0.002)	0.195	(0.008)	125 513
人口规模（100 万）	0.06	1.085	(0.003)	0.359	(0.010)	125 713
市辖区人口中位数	0.03	1.052	(0.003)	0.211	(0.012)	125 713
市辖区人口均值	0.03	1.034	(0.002)	0.137	(0.006)	125 713

注：括号内的值为标准误，以下同。

作为一种稳健型检验，本书也给出了部分矩条件下的 LS 回归结果，如表 4.3 所示。我们发现两种搜索方法下，参数 S、D、A 的估计结果差距极小，说明两种方法搜索出来的最优解非常接近，二者都是在 MSR 最小时获得最小解，证明了 NLS 估计方法的可靠性。

4.3.1.2　创新不同分位点处集聚效应与选择效应的贡献分析

表 4.3 只能测算出集聚效应和选择效应对城市创新的平均作用，但并不能定量测算集聚效应与选择效应对大小城市创新不同分位点处的影响大小。本书参考张国峰、王永进（2018）的做法，通过以上 S、A、D 的估计值，进一步定量测算在创新不同分位点处，集聚效应和选择效应的贡献大小。[①] 根据测量值的大小，我们绘制出了在创新不同分位点处，集聚效应、选择效应以及总效应对大城市创新优势的影响大小，如图 4.2 所示。通过图 4.2 可知，大城市创新优势主要来源于集聚效应，而且在越高的创新分位点处，集聚效应贡献越大。选择效应在较小分位点数几乎无影响，但在创新较大分位点处起到一定作用。

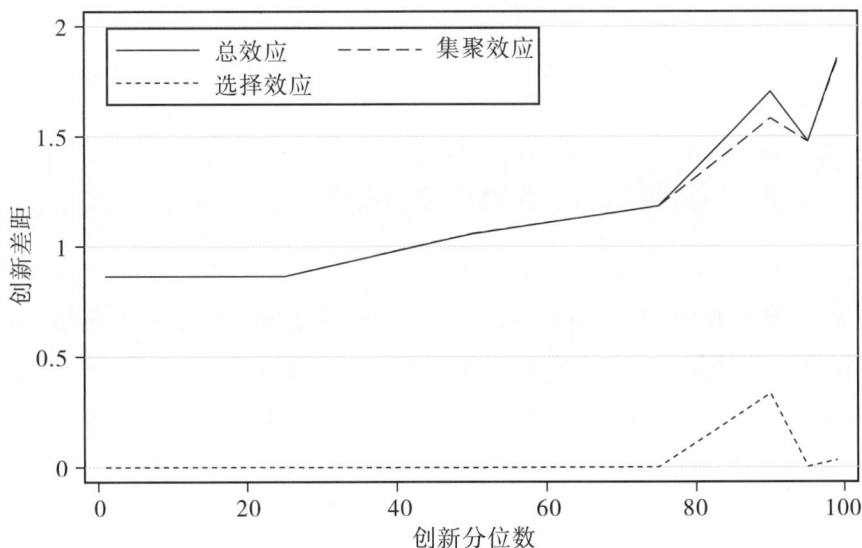

图 4.2　大城市创新优势来源的定量测算

---

① 定量测量的具体计算公式见附录 1。

表4.4　不同创新分位点处集聚效应和选择效应的定量测算

创新分位数	总贡献	集聚效应贡献	选择效应贡献
10	0.865	0.865	0.000
25	0.865	0.865	0.000
50	1.057	1.058	−0.002
75	1.182	1.182	0.000
90	1.702	1.581	0.333

表4.4显示了在10、25、50、75、90分位点处，集聚效应和选择效应对于大城市创新优势的绝对值影响大小。在专利创新的10分位点处，总贡献0.865单位，其中集聚效应贡献0.865单位，选择效应贡献为0。创新分位数越高，集聚效应贡献越大，选择效应依然作用不大，直到90分位点处，总贡献1.702单位，其中集聚效应贡献1.581单位，选择效应贡献0.333单位。这说明大城市创新优势越明显，越需要更高的集聚效应，与之呼应，大城市激烈的竞争效应导致低效率企业的淘汰，以保留更高效率的企业，选择效应逐渐发挥作用。

4.3.2　不同创新活动代理指标回归分析

企业申请专利的形式包括外观设计、实用新型专利和发明专利三种类型，其中外观设计和实用新型并不能真实有效地衡量企业的自主创新能力，而发明创造涵盖更为复杂的技术知识，是体现一个企业乃至一个国家自主创新能力的重要指标（张杰等，2014）。本书进一步将专利分为发明专利和非发明专利，探索集聚效应和选择效应对不同形式创新的影响作用。Liu和Buck（2007）指出并非所有的创新产出都受到专利形式的保护，完整的创新价值链，既包括以专利产出为主要形式的科研创新，也包括以新产品销售为主要形式的产品创新。新产品产值得益于企业新知识存量，能够直接为社会或经济绩效带来促进作用，更能反映企业的创新能力。因此，为排除创新活动代理指标对回归结论的影响，本书以企业新产品产值作为专利申请量的替代变量，进一步考察集聚效应与选择效应对城市创新的影响作用。新产品产值数据来源于《中国工业企业数据库》。限于篇幅，本书仅以就业密度均值以及市辖区人口均值作为城市规模划分标准进行举例说明，回归结果如表 4.5 所示。本书余下部分只报告基于所有矩条件的 NLS 回归结果，部分矩条件的 LS 回归结果雷同，不再占用篇幅。

对比表 4.5 和表 4.3 的回归结果可看出，当只考虑发明专利时，集聚效应估计值有所提高，选择效应估计值也有所提高。一方面说明发明专利具有选择效应"筛选器"的作用，大城市的发明创新大部分由创新能力较高的企业完成，而创新能力较低企业由于不堪重任，"逃离"到小城市。再者，D 值显著大于 1，说明创新能力较强企业受益于选择效应和集聚效应更多，具有明显的增强作用。另一方面说明集聚效应依然是大城市创新优势的主要来源，占据 50% 以上的贡献。发明创造更受益于知识溢出效应、劳动力共享、中间投入共享三种集聚溢出渠道的影响作用。而当只考虑实用新型和外观设计等非发明专利时，选择效应与集聚效应的估计值都有所下降，说明非发明专利并不能有效过滤创新能力较低企业，对集聚外部性的吸收利用也不如发明专利程度大。由此说明大城市创新主要依靠发明专利推动，其主要优势来源于经济集聚所带来的集聚效应。

另外从新产品产值的估计参数来看，集聚效应虽大于 0 但显著下降，这进一步肯定了集聚效应对大城市创新的积极作用，但也同时说明产品创新受益于集聚效应并不如专利产出明显。另外值得一提的是，选择效应显著为 0，与非发明专利的参数估计值较为接近。原因可能在于各种类型和各个环节的政府专利资助与专利扶持政策造成的中国专利爆炸式增长的背后，专利"泡沫"或专利"创新假象"现象相当严重（张杰、郑文平，2018）。据《2018 年专利统计年报》显示，截至 2018 年，中国国内专利授权量已达到 1 515 万件，专利授权量以每年百万件规模递增，但中国专利产业转化率低又是一个长期存在的事实，调查（《2019 年中国专利调查报告》）显示，2019 年我国国内有效专利的产业化率为 38.6%，有效发明专利产业化率只有 32.9%。中国科技成果转化率只有 10%，而在这 10% 中，又有绝大部分来源于外观设计和实用新型专利的成果转化。中国产品创新效率长期处于较低水平（赵增耀等，2015）。由此，造成在产品创新阶段，集聚效应和选择效应作用不佳。

表 4.5　不同创新代理变量的估计结果（大城市对小城市）

代理变量 1：发明专利

分类依据	S	D		A		R^2	N
就业密度均值	0.15	1.163	(0.003)	0.722	(0.013)	0.868	50 158
市辖区人口均值	0.08	1.125	(0.003)	0.546	(0.014)	0.678	50 194

代理变量 2：非发明专利

分类依据	S	D		A		R^2	N
就业密度均值	0.08	1.139	(0.002)	0.605	(0.007)	0.921	104 773
市辖区人口均值	0.02	1.012	(0.001)	0.038	(0.004)	0.239	104 951

代理变量 3：新产品产值

分类依据	S	D		A		R^2	N
就业密度均值	0	1.048	(0.001)	0.319	(0.001)	0.960	133 506
市辖区人口均值	0	1.055	(0.001)	0.213	(0.001)	0.928	132 982

4.3.3　行业分组回归

4.3.3.1　各行业分组回归

基于以上对城市规模与企业专利数据的划分，利用格点搜索技术，本书报告了 33 个制造业行业的 S、D、A 的搜寻值，回归结果如表 4.6 所示。从报告的结果来看，33 个行业中，农副食品加工业、饮料制造业等 8 个行业集聚效应为负值，存在一定的拥挤效应，绝大部分行业仍支持上述大城市创新优势来源于集聚效应的结论。尤其对于 16（烟草制品业）、18（纺织服装、鞋、帽制造业）、21（家具制造业）、22（造纸及纸制品业）、25（石油加工、炼焦及核燃料加工业）、30（塑料制品业）、32（黑色金属冶炼及压延加工业）、34（金属制品业）等产业集聚度较高又具有明显垄断特征的产业，行政和资源上的垄断，导致这些集聚在大城市的产业获得更加明显的创新优势（陈强远等，2016）。而 D 值大于 1，又增强了这种效应，导致大城市企业创新呈现更明显的"贫富不均"现象。

从选择效应估计结果来看，有 9 个行业估计值明显大于 0，如 16（烟草制品业）、21（家具制造业）、30（塑料制品业）、34（金属制品业）等，这些行业同时又是受益于集聚效应更明显的行业，这印证了大城市创新较低企业的逃逸现象，意味着城市间企业区位选择存在着"水往高处流"的现象。但除此之外，大部分行业仍在 0 值附近徘徊，有些甚至小于 0，这些行业不存在"水往高处流"的现象，这进一步支持上述结论：选择效应虽然起到一定作用，但并不是城市创新优势的主要贡献者。

表 4.6　分行业估计结果（大城市对小城市）

行业	S	D		A		R^2	N
13	−0.05	0.915	(0.002)	−0.387	(0.007)	0.792	2 406
14	−0.01	1.066	(0.003)	0.268	(0.011)	0.256	3 468
15	−0.01	0.945	(0.002)	−0.221	(0.010)	0.224	2 527
16	0.36	1.572	(0.006)	2.198	(0.021)	0.958	278
17	0.3	1.230	(0.003)	0.172	(0.008)	0.712	2 658
18	−0.47	0.995	(0.002)	0.548	(0.008)	0.497	889
19	−0.02	1.086	(0.004)	0.311	(0.017)	0.187	614
20	0.49	1.300	(0.006)	0.464	(0.019)	0.490	824
21	0.25	1.327	(0.004)	0.614	(0.011)	0.593	1 188
22	−0.05	1.130	(0.005)	0.536	(0.020)	0.304	1 140
23	0	1.085	(0.002)	0.365	(0.009)	0.486	819
24	0.03	1.096	(0.003)	0.404	(0.013)	0.477	2 107
25	0.01	1.216	(0.004)	0.946	(0.016)	0.706	486
26	0.1	1.046	(0.003)	0.189	(0.014)	0.553	8 933
27	0.03	1.011	(0.002)	0.059	(0.006)	0.565	6 885
28	−0.11	0.957	(0.003)	−0.181	(0.011)	0.570	429
29	0	0.980	(0.004)	−0.126	(0.015)	0.128	1 279

（续上表）

行业	S	D		A		R^2	N
30	0.37	1.339	(0.004)	0.620	(0.013)	0.677	4 139
31	0.02	0.982	(0.002)	−0.101	(0.009)	0.144	4 542
32	0.05	1.167	(0.003)	0.750	(0.012)	0.802	1 365
33	−0.01	1.049	(0.002)	0.193	(0.010)	0.173	1 766
34	0.38	1.398	(0.003)	0.913	(0.011)	0.647	6 448
35	0.03	1.088	(0.002)	0.377	(0.008)	0.721	13 519
36	0.05	1.113	(0.002)	0.497	(0.007)	0.880	13 233
37	−0.02	0.980	(0.002)	−0.098	(0.009)	0.240	8 399
39	0.02	0.988	(0.001)	−0.069	(0.005)	0.270	12 977
40	0.01	1.081	(0.003)	0.321	(0.012)	0.322	12 147
41	0.38	1.201	(0.003)	0.171	(0.011)	0.220	6 808
42	−0.05	1.062	(0.003)	0.256	(0.011)	0.392	2 058
43	0.18	0.935	(0.004)	−0.305	(0.015)	0.495	399
44	−0.03	1.104	(0.003)	0.480	(0.014)	0.447	736
45	0.25	31.398	(0.000)	140.009	(0.000)	0.532	92
46	−0.05	1.017	(0.004)	0.058	(0.016)	0.345	155

4.3.3.2　不同技术行业回归

为考察不同技术水平下各类效应的异质性，本书按照 OECD 技术分类标准，将样本分为高技术行业和中低技术行业，然后比较不同技术行业分类下，大小城市的专利分布情况，回归结果如表 4.7 所示。首先，从整体上来看，不管是高技术行业还是中低技术行业，集聚效应 A 估计值依然显著大于 0，D 值大于 1，选择效应 S 依然较小，远远低于 A 估计值，说明无论行业技术高低，集聚效应仍然是大城市创新优势的主要来源。其次，分技术行业来看，高技术行业 A 估计值高于中低技术行业，S 估计值也略大于中低技术行业。这意味着大城市的集聚效应在高技术行业中更为明显，与中低技术行业相比，大城市高技术行业企业专利分布右移幅度更大。相应地，高技术行业 S 估计值略高，意味着与中低技术行业相比，高技术行业的创新门槛更高，更能淘汰创新能力低下的企业。

表 4.7　高技术行业与中低技术行业估计结果（大城市对小城市）

分类标准	样本	S	D		A		R^2	N
OECD 分类	高技术产业	0.09	1.125	(0.002)	0.567	(0.006)	0.943	67 032
	中低技术产业	0.02	1.063	(0.002)	0.256	(0.009)	0.410	58 481

4.3.4　企业分组回归

4.3.4.1　按企业规模分组回归

不同规模的企业对集聚效应的吸收不同，为考虑不同规模企业集聚效应的异质性，本书根据企业员工数量对企业规模进行分类，考虑到数据平衡问题，依次分为 8~80 人、81~170 人、171~320 人、321~800 人以及 800 人以上共 5 类企业规模，测算结果如表 4.8 所示。整体上来看，对于任意规模的企业，大城市的创新优势主要来源于集聚效应，选择效应同样存在，但并不起主要贡献作用。分类别来看，对于从业人员小于 81 人的企业，大城市的经济集聚使得企业的专利产出对数比小城市相对提高了 0.835；随着就业规模的扩大，集聚效应的影响进一步加强，直到企业规模达到 171~320 人时，企业专利产出对数达到最大值 0.952，但随着企业规模的进一步扩大，集聚效应的影响逐渐下降。小企业若要进行创新，需要比大企业从经济集聚中获取更大的好处。创新型小企业更加依赖于当地的市场环境，经济集聚在更大程度上降低了小企业的生存成本，奠定了劳动力共享、上下游供应链等资源基础，使其将更多资本和资源投入专利研发上，以在市场中占据一席之地。同时，这类企业由于面临更加激烈的竞争市场与更高的淘汰率，因此选择效应估计值也偏高。相反，大企业由于具有更强实力对抗市场冲击，从集聚效应中获益明显下降，同时，大企业淘汰现象鲜有发生，因此选择效应作用也下降。

表4.8　企业规模分组回归（大城市对小城市）

企业规模	S	D		A		R^2	N
8～80 人	0.12	1.195	(0.004)	0.835	(0.017)	0.777	21 214
81～170 人	0.12	1.199	(0.003)	0.871	(0.013)	0.877	21 201
171～320 人	0.14	1.214	(0.003)	0.952	(0.010)	0.943	20 230
321～800 人	0.05	1.076	(0.002)	0.330	(0.007)	0.802	21 920
>800 人	0.06	1.121	(0.001)	0.558	(0.005)	0.948	23 004

为更加清晰地表示企业规模与集聚效应的关系，我们画出了集聚效应估计值A以及选择效应S与企业规模的散点图和二次函数预测图，如图4.3（a）与图4.3（b）所示。其中横坐标代表企业规模，纵坐标分别代表估计值A、S，从图中可看出，随着企业员工人数的增加，集聚效应、选择效应的大小呈明显的先上升后下降的趋势，在图中表现为倒U形特征。

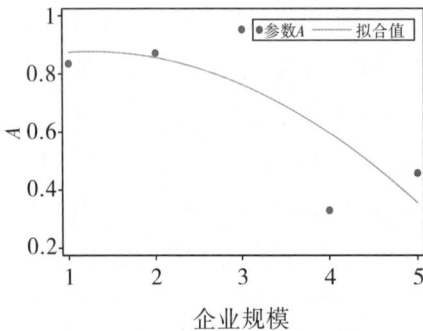

图4.3（a）　企业规模与集聚效应

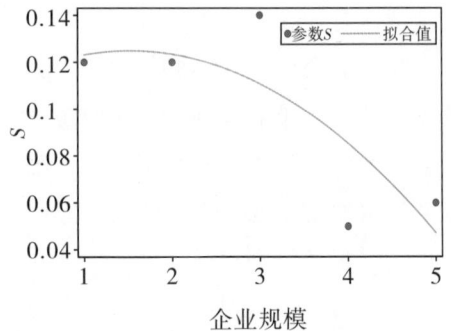

图4.3（b）　企业规模与选择效应

4.3.4.2　按企业年龄分组回归

为进一步分析集聚效应主要作用于年轻企业还是资质较老企业，本书根据企业年龄将样本进行了划分，依次分为6组，然后对各组大城市的集聚效应与选择效应进行估算，测算结果如表4.9所示。总体上看，集聚效应依旧起到主要作用。从年龄段来看，随着年龄的增加，集聚效应作用越大。在6～7年龄段，选择效应作用达到最大，随后随着年龄的增长又逐渐下降，呈现倒U形特征。

表4.9 企业年龄分组回归（大城市对小城市）

企业年龄	S	D		A		R^2	N
1～3 年	0.08	1.072	(0.002)	0.323	(0.007)	0.888	16 948
4～5 年	0.09	1.155	(0.003)	0.690	(0.011)	0.871	18 162
6～7 年	0.1	1.151	(0.002)	0.667	(0.009)	0.907	19 244
8～10 年	0.08	1.149	(0.002)	0.652	(0.007)	0.927	23 179
11～15 年	0.07	1.152	(0.002)	0.645	(0.009)	0.859	21 284
>15 年	0.08	1.170	(0.002)	0.766	(0.009)	0.916	25 523

4.4 本章小结

经济活动密度大的城市往往有更高的创新能力。以往研究多从经济集聚带来的集聚效应角度解释大城市的创新优势，从微观单元生产角度来看，遵循 Duranton 和 Puga（2004）的分类，集聚外部性可以通过共享、匹配、学习三种渠道影响企业创新。但从"新"新经济地理学角度出发，异质性企业空间定位选择所带来的选择效应也是城市创新差距不可忽略的原因。Combes et al.（2012a）在异质性企业的假定基础上构建了嵌套模型，将企业选址模型与标准集聚模型相结合，在估计方法上提出了"无条件分布特征—参数对应"分析方法，通过分析不同地区生产率分布截断上的差异，从而对集聚效应和选择效应进行识别。但由于 Combes et al.（2012a）方法目标函数较为复杂，余壮雄和杨扬（2014）提出的改良方法——基于格点搜索的 NLS 方法，为本书分析大城市创新优势来源提供了全新的思路。本书基于 He et al.（2016）专利数据与1998—2009 年《中国工业企业数据库》的匹配数据，运用基于格点搜索的 NLS 估计方法，从集聚效应和选择效应方面考察了大城市创新优势的来源，并加入了定量测算，以计算集聚效应和选择效应对城市创新差距的具体贡献。实证结论如下：

（1）不管使用哪种城市规模划分标准，测试结果都显示，集聚效应才是大城市创新优势的主要来源，选择效应相对来说贡献较小，但也无法忽略。定量测算结果显示创新分位点越高，集聚效应贡献绝对值越大；选择效应在低分位点处作用微弱，但在创新高分位点处，显示出较强的"过滤"作用。

大城市还存在明显的增强效应，创新型企业从集聚效应中受益更多，在创新产出分布上表现得更为分散。

（2）分专利类型回归结果显示，发明专利的集聚效应和选择效应估计值都高于非发明专利，一方面说明发明专利比非发明专利更受益于集聚效应；另一方面说明，更能代表城市创造力的发明专利具有"筛选器"的作用，使得低创新企业逃逸到小城市，高创新企业留存在大城市。从创新价值链来看，相比知识科研创新，产品创新估计结果显示集聚效应估计值下降，选择效应估计值为 0，背后原因可能在于科创成果转化率低，使得企业对集聚效应的吸收减弱，同时，也并未起到过滤低创新企业的作用。

（3）从行业层面来看，对于绝大多数行业来说，集聚效应仍然是城市创新差距的主要来源，但也有部分行业 A 参数估计值为负，显示出行业拥挤效应，还有部分行业由于资源垄断的存在，表现出明显的选择效应。分技术水平看，一方面，不管是高技术行业还是中低技术行业，都强烈支持集聚效应是大城市创新优势主要来源的结论；另一方面，高技术行业 S 估计值高于中低技术行业，表明高技术行业由于更高的技术门槛，表现出更明显的选择效应。

（4）从微观企业层面来看，随着企业规模的增加，集聚效应与选择效应都呈现先上升后下降的趋势，表现为倒 U 形特征。随着企业年龄的增加，集聚效应作用越大，选择效应呈现倒 U 形特征。

第⑤章　专业化、多样化与城市创新
——产业集聚视角

正如第4章所反映的那样，大城市创新差距优势主要来源于集聚效应。第4章的产业集聚特征事实也揭示不同规模城市优势产业并不相同，产业专业化集聚程度不一，并且大城市比中小城市具有更高的多样化集聚程度。产业集聚究竟如何影响创新？哪种集聚模式更能促进创新？当前文献研究并未给出一致结论（Rosenthal & Strange，2001；Combes，2000；Nooteboom et al.，2007；邬滋，2010；彭向、蒋传海，2011；陈长石等，2019）。另外，当前文献探索集聚与创新的关系多基于更大的地理范围，对城市层面微观企业的影响及其传导机制则探讨不足，但根据新经济地理学的思想，空间的集聚现象通常通过微观企业引发，然后通过传导机制，继而引发宏观层面的集聚，因此对于创新空间集聚也不例外。另外，虽然 Marshall（1890）最早将经济集聚的来源归为劳动力"蓄水池"效应、中间投入共享以及专业技术和技术外溢效应，但是证实其中的作用机制仍是一件困难的事情，当前鲜有将集聚与三大溢出渠道综合考察的文献，创新地理的黑箱仍旧不甚清晰。基于中国的情境考察，集聚效应的三大作用机制是否都能发挥作用？是否同等重要？这些都有待验证。因此，为检验以上问题，本章基于1998—2009年《中国工业企业数据库》数据与企业专利数据的匹配数据以及《中国工业企业数据库》的新产品产值数据，从微观企业专利研发和产品创新的综合角度，考察集聚外部性对城市创新的影响。在实证思路上，本章首先检验集聚外部性如何通过企业科研创新、企业产品创新影响创新地理，然后参考 Kolko 和 Neumark（2010）、张萃（2018）的研究，构建专业化外部性的产业内劳动力池、知识溢出、投入共享指标，以及产业间劳动力池、知识溢出和上下游关联指标，进一步检验集聚外部性对不同创新阶段的具体溢出渠道。

5.1 理论分析与研究假说

遵循 Duranton 和 Puga（2004）的分类，后来的研究多将集聚外部性的影响作用机制分为共享、匹配、学习三种渠道。城市是人力、资本、企业家才能、技术等生产要素高度集聚的区域，究竟哪种集聚外部性会影响城市创新？城市集聚经济如何通过这三种渠道影响城市的创新活动？参考张萃（2018）的分类研究，本部分将给予具体的说明。

5.1.1 专业化外部性与城市创新

5.1.1.1 行业内劳动力共享

劳动力是企业进行创新活动重要的投入要素，创新的成败在很大程度上取决于产业内部劳动力的质量及其构成情况。一方面，从微观层面来讲，企业创新需要有合适的管理人才和研发团队，推动企业创新；另一方面，从城市角度来讲，一个城市要想提升其经济实力和创新效益，需要有一个合适的环境促使人才不断流入，满足城市所在行业对人才的需求。这种劳动力与市场合理的匹配，尤其是高质量的劳动力与企业的匹配为推动整个城市产业的创新能力提供了有利的条件。Carlino et al.（2007）的研究为上述论断给出了有力的证明，研究表明人均专利发明量与城市就业密度有着重要关联，如果城市就业密度提高一倍，人均专利发明量将提高 20%。

然而，中国的劳动力共享与发达国家劳动力共享存在很大的不同之处。首先，中国以制造业立国，大多数制造企业为劳动密集型发展模式，熟练的流水线工人是第一选择。劳动力的跨区域流动主要表现为农村剩余劳动力的转移，人口流动形式上表现为由农业向非农业、由农村向城市的"流水线"工人转移，这部分人力资本与企业创新所需劳动力有一定差距，不会产生明显的劳动力池效应。虽然劳动力流动中不乏有高等教育背景的人才，但是我国家族式企业居多，过多依赖于血缘、地缘、亲缘关系，外来人才难以进入管理、企业决策等重要岗位，不利于吸收新生力量和知识溢出，难以发挥高级人力资本效应。其次，由于户籍制度的约束，我国劳动力流动存在制度上的限制，增加了劳动力跨区域流动成本，导致技能知识的传输受到限制。基于此，本书认为专业化集聚区劳动力池效应对城市创新可能并不产生显著影响。

5.1.1.2 行业内中间投入共享

Marshall（1890）关于中间投入共享的描述为："大量最终产品厂商为中间品生产提供了实现规模经济的中间市场，而具有规模经济、数量品种繁多的中间品厂商则为最终产品生产节约了成本、扩大了规模。"随后，Holmes（1999）的研究表明，在同一产业内，一个工厂的购买投入强度随邻近工厂的就业水平而增加。Rosenthal 和 Strange（2001）利用美国微观企业数据研究表明，中间投入共享对美国国家层面上的制造业集聚产生了积极的影响。这些研究都为中间投入共享对经济集聚的重要性提供了有力的证明。

当然，随着产业集聚区内部制度的逐步完善，行业内专业化分工程度也会逐步提升。中间商的能力、数量和竞争性对各企业的生产能力、研发能力同样起到重要作用，甚至在创新网络集群中成为重要的组成部分。企业生产同一产品链上的不同中间产品共享，在实现产业发展"规模经济"的同时，也可以整合资源，实现资源配置的有效性和合理性，进而提升企业的生产能力。另一方面这种专业化、网络化生产体系可以降低交易成本，并节省劳动力和中间投入成本，使得更多的研发费用投入创新活动之中，增加创新产出（Rosenthal & Strange，2001）。同时也可以将持续带来的风险进行分摊，降低研发创新的不确定性，进而有利于行业创新（Saxenian，1996）。

再则，中间投入共享有助于创新系统成员获得金融服务。高科技产品的技术复杂性及更新换代速度使得单一企业很难拥有创新的所有要素，产业内部协同创新可以在更大范围内进行分工协作，联合进行产品技术研发、运营流程改进及更深层次的合作，有利于区域创新生态系统的构建。在整个创新生态链上，科技型企业的创新能力是其价值能力的体现，而那些凭借出色的创新能力获得贸易伙伴的认可与信任的企业，往往更容易获得融资支持。

5.1.1.3 行业内知识外溢效应

关于知识外溢效应，Marshall（1890）有着重分析："同一行业内部技术工人通过正式与非正式接触，获得了经验和技术，从而提高了企业的生产力和竞争力。"这构成了"知识外溢"概念的早期雏形。Jaffe et al.（1993）指出人与人之间的互动与学习，各自具有的知识和想法构成了本地知识库，这一知识库有助于新知识的产生。企业之间面对面的交流，促进显性知识尤其是隐性知识的溢出效应（Storper & Venables，2004），而新知识的开发与知识溢出特别是隐性知识的溢出尤其相关。这种互动和相互关联，使得同一个行业内部原有的秘密逐步透明化，进一步促进知识的相互转化和深化。城市作为本地知识溢出和本地学习的主要空间载体（Belussi et al.，2010），知识外溢效应一方面可以减少创新活动的不确定性，另一方面也促进了思想的交流，同时也降低了研发及成果转化成本，进而促进创新产出的增长。

基于我国的情境，一方面，由于我国当前主要以劳动密集型产业集群为主，相比于知识密集型与技术密集型产业集群，这类人员知识水平不高，能够产生的知识溢出效应有限，因此对技术扩散和创新的影响有限。另一方面，在产业集群内，中小企业暂居大多数，由此导致集群系统内公共知识并不多，知识源较少，溢出影响就更小。再则，中小企业对外部知识的搜索、获取和消化能力以及将知识进行整合创造新知识的能力，可能并不能达到预期水平。企业必须具备相应的吸收能力，知识外溢才能产生经济效益，相反，如果企业吸收能力不佳，那么知识外溢对企业来说毫无意义。另外不能忽略的是，同一行业技术溢出具有一定的行业和空间边界，可能发展成为一个封闭系统，由此导致专业化集群创新能力不佳（Grabher，1993）。因此，行业内知识外溢效应对我国城市创新的影响可能并不显著。

基于以上论述，本书提出假说一和假说二：

假说一：专业化集聚通过专业化劳动池、行业内中间投入共享和行业内知识溢出促进城市创新。

假说二：基于我国的情境考虑，专业化劳动力池效应和知识溢出效应并不能发挥作用，行业内中间投入可能是专业化促进创新的重要溢出渠道。

5.1.2　多样化外部性与城市创新

5.1.2.1　行业间劳动力共享

产业多样化作为一个开放系统，可以被认为是区域劳动力有效流动的保险形式，工人更愿意在本区域内其他相关产业找到工作，就业的多样化有利于稳定区域经济。Henderson et al.（1995）的研究认为对于高技术产业，多样化促进产业效率的提升与劳动力池有关。Ellison et al.（2010）的研究也说明对于劳动力相似的行业，更容易发生劳动力池的溢出效应。当然，不同行业间厚的劳动力池不仅仅能提升就业率与稳定经济，雇用非本行业的劳动力更有利于获得不同专业背景的劳动力资源，这种来自不同行业的劳动力携带的隐性知识会给企业带来新的想法与经验，为城市创新提供可能。多元化的共享劳动力池，不仅为地方经济活动多样性提供可能，也为促进企业与劳动力之间数量和质量的合理匹配提供了可能，优质的人力资本为城市创新提供了支撑。

但是我们也应该看到，劳动力共享受到多方面的制约。首先，行业异质性是阻碍劳动力跨行业流动的主要因素。行业间劳动力流动对行业技术相似性要求较高，技术相差较远的行业几乎不存在劳动力流动现象，这极大地限制了同一城市行业间劳动力流动的可能性，尤其是高质量人力资本的流动性。行业间技术差异造就了劳动力就业岗位的不同劳动复杂程度，而劳动复杂程度更高的技术密集型行业面临着更为严重的信息不对称问题（马草原等，2020），也使得不同行业面临着不同的劳动力流动差异。另外员工调整成本也使得企业更愿意延长技术工人的聘用期限。对于技术复杂的岗位来说，由于包含专利技术，新员工难以在较短时间内掌握，"干中学"特性使得企业在更换员工时必须付出更高的调整成本，这使得企业提高了更换员工的弹性区间，也降低了劳动力的流动性。

其次，中国劳动力市场存在着二元劳动力市场。行业间存在明显的收入差异，首要劳动力市场工资相对较高，工作条件相对优越，而次要劳动力市场工作环境较差，工资报酬较低。李路路等（2016）研究认为，首要劳动力市场"吸引力"与"排斥力"都很高，这意味着主要劳动力市场劳动力外流的可能性更小，较高的选拔标准也限制了外部劳动力进入的可能性。因此，两部门之间的差异极大地降低了劳动力的流动性。

再则，中国劳动力市场存在着明显的所有制分割现象，国有和垄断部门劳动力流动性低于非国有部门，劳动力跨所有制流动明显受阻。在制造业行业中，石油和天然气开采加工业、通信设备制造业、交通运输设备制造业、航空航天器制造业等 10 个行业属于国有垄断行业（岳希明等，2010；叶林祥等，2011）。在这类行业中存在着更为明显的由行业异质性引发的信息不对称问题以及更换员工造成的调整成本问题，当然也存在国企冗员问题（董晓媛、Louis Putterman，2002）和工资差距问题，这些导致国企与非国企在劳动力配置上的较大差异，因此，也降低了劳动力跨所有制流动的可能性。

5.1.2.2　上下游行业关联

上下游产业的配套能力对地区企业竞争能力的提升和区域经济的发展具有重要作用。以 Krugman（1995）为代表的研究者引入垂直关联的新经济地理学模型指出，上游行业的集聚能为下游行业带来更加优质低廉且更多差异化的中间产品，而下游行业的集聚能为上游行业提供更大的销售市场。一方面，"成本关联效应"使得经常使用中间产品的企业受益更多，上游行业也即中间产品的供给者在空间上的集聚，使得下游行业既可以节省交通成本，又能享受到供应商之间竞争带来的低价格，如此能降低整个生产链上最终产品的生产成本，促使企业将更多精力放在新产品开发及关键技术的研发上。另一方面，下游行业由于更接近本地多样化的消费者群体，能够及时掌握和了解市场对新产品的需求，从而对技术和产品提出更高的要求，进而促进整个行业创新（Glaeser & Kerr，2009）。

再则，企业在行业之间的运作包括物资投入、产品开发、生产、销售和物流等，由于单个企业无法完成生产链上的所有活动，在新产品开发和生产上必须依赖于上下游行业之间的技术合作。上下游行业之间的主要业务功能和业务流程进行串联，可以打造一个更高效的业务模式（Flynn et al.，2016）。这种业务模式不仅包括上下游行业，也包括为生产者提供研发设计、信息服务、金融服务、人力资本服务等中间投入服务的生产性服务业企业，更加强调成员之间的技术交流、前沿信息整合，以及物流和商流之间的合作，也更加强调整个系统的整合和协同创新。如此可以满足企业之间的相互需求，减少生产供给过程中的混乱现象，并提高整个系统内部资源的有效配置效率，从而有利于企业间协同创新能力的提升。

5.1.2.3　行业间知识溢出效应

Jacobs（1969）提出知识溢出来源于其他行业是多样化集聚的结果而非专业化产业，多样化外部性更能促进交叉创新。就创新本身而言，企业不仅需要依赖自身以外的技术供应，也依赖于城市中其他各种形式的企业，这同时也为增强城市多样化经济集聚提供了可能。同时，不同产业间在生产过程中也会存在着某种潜在或者外在的互补性，使得互补产业之间相互接触，产生行业间知识溢出。Ellison et al.（2010）的研究表明，知识外溢对于制造业产业间共同集聚具有促进作用，而对于知识密集型企业而言，则可以突破空间和行业间的限制，以获得范围经济，使得知识溢出的作用更加明显。就溢出方式来讲，技术上相似的行业可以通过 R&D 合作来获得水平溢出，上下游行业间知识存量互为创新投入要素，从而带动创新产出，尤其是上游行业新产品的产出带动下游行业的产品质量提升现象多为常见（朱平芳等，2016）。这种行业间异质性技术所带来的知识互补与交流，更容易激励企业自主创新（许福志、徐蔼婷，2019）。

由此我们可以得到假说三和假说四：

假说三：多样化外部性通过行业间劳动力共享、上下游行业关联和行业间知识溢出对城市创新产生正向影响。

假说四：基于我国的情境考虑，行业间劳动力池效应可能并不显著，上下游关联与知识溢出是多样化促进城市创新的重要渠道。

上述专业化外部性与多样化外部性作用于城市创新的具体机制如图 5.1 所示：

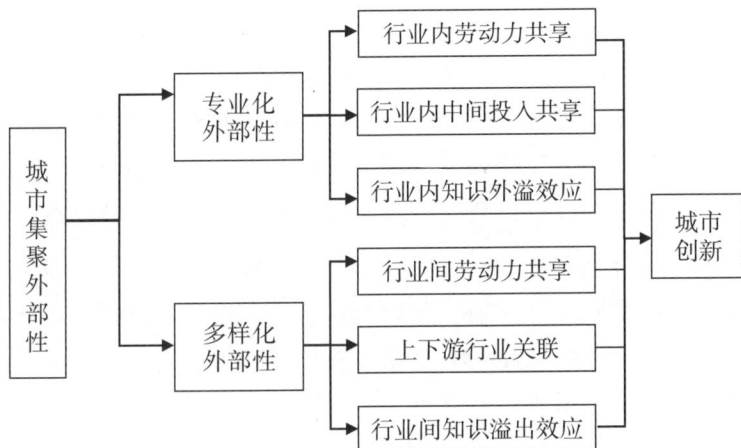

图 5.1 专业化外部性与多样化外部性的作用机制

5.2 数据与变量说明

5.2.1 创新变量说明及数据来源

本书选择专利研发和新产品产值来综合考察产业集聚对城市创新的影响作用，从创新价值链上，将专利研发对标科研创新，新产品产值对标产品创新，综合进行分析。专利申请数据来源于《中国工业企业数据库》和 He et al.（2016）的中国专利数据项目的匹配数据，数据匹配方式和处理方式与 4.2 节保持一致。新产品产值作为第二个创新变量，数据来源于《中国工业企业数据库》。由于《中国工业企业数据库》并未统计 2004 年和 2008 年企业新产品产值数据，因此予以剔除。另外为准确衡量企业创新能力，新产品产值为 0 的企业以及数据缺失的企业一并剔除。其他处理方式与 4.2 节保持一致，共保留 133 300 个企业样本数据。

5.2.2 解释变量说明

5.2.2.1 专业化与多样化指标测量

专业化集聚指标和多样化集聚指标具体测量方法参考 3.1.2 小节，详见式（3.2）和式（3.3）。

5.2.2.2 其他控制变量

为控制企业层面的个体因素，本书加入了企业控制变量，包括：①企业规模（$size$），由企业就业人数的对数生成。企业规模是影响企业创新的重要因素之一，如果忽视公司规模因素，企业也不会自行研发和申请专利（Fischer & Henkel，2012）；②企业对外开放程度（exp），用企业出口与销售产值的比值衡量，企业出口活动过程中会有大量的"干中学"效应以及竞争效应，可对专利活动造成影响，因此需加以控制；③产权属性（$state$），国企取值为1，非国企取值为0；④企业年龄（age），使用企业成立年份与样本年份间隔来表示；⑤政府补贴（$subsidy$），政府补贴是当地政府激励企业科技创新的常用手段，本书以公司所获补贴收入与总资产的比值来衡量；⑥企业资产规模（lnzc），以企业总资产取对数进行衡量。以上数据来源于《中国工业企业数据库》。

本书在模型中也控制了其他影响企业创新的城市层面的关键因素，具体控制变量如下：①劳动力市场高级化程度（hc），用城市在校生人数与劳动力人数的比值表示；②市场化程度（$market$），过度的政府干预会影响市场资源配置效率，从而影响企业创新，本书采用城市私人和个体从业人员数来衡量政府对城市的干预程度。该指标越大，说明民营经济越活跃，经济活力越好；③城市基础设施（$traffic$），基础设施状况良好的城市往往集聚程度更高，从而创新成果也更加明显，本书用城市道路人均占有面积来衡量；④城市规模（$scale$），用各城市年末总人口来衡量，以反映城市消费市场规模；⑤城市职工工资水平（$wages$），以城市平均职工工资进行衡量。以上数据来源于《中国城市统计年鉴》。

各变量的描述性统计如表5.1所示：

表 5.1 主要变量的描述性统计

	变量名	含义	标准差	最小值	中位数	最大值
企业变量	lnpatent	科研创新，企业专利申请总量加 1 取对数	0.825	0.693	1.099	8.762
	lnnew	产品创新，企业新产品产值加 1 取对数	1.204	0.000	0.781	9.489
	size	企业规模	1.396	2.079	5.442	12.200
	exp	企业对外开放程度	0.305	0.000	0.000	1.000
	state	产权属性	0.500	0.000	0.000	1.000
	age	企业年龄	15.160	1.000	12.000	410.000
	subsidy	政府补贴	0.176	0.000	0.000	31.770
	lnzc	企业资产规模	1.761	5.338	11.160	20.160
行业变量	diversity	多样化集聚	0.060	0.000	0.920	0.952
	special	专业化集聚	1.963	0.000	1.266	76.290
城市变量	hc	劳动力市场高级化程度	0.130	0.000	0.115	0.854
	market	市场化程度	0.656	0.000	0.730	6.089
	traffic	城市基础设施	8.812	0.000	10.410	64.000
	scale	城市规模	0.687	2.660	6.393	8.094
	wages	城市职工工资水平	1.275	0.000	2.573	13.709

5.3 实证结果分析

5.3.1 基准回归

本书基准回归模型设定如下，其中，c 代表城市，i 代表行业，t 代表时间。ε_{nt} 为误差项。$\ln inno_{nict}$ 代表 c 城市 i 行业 t 年份 n 企业的创新产出，这里用专利研发（lnpatent）和新产品产值（lnnew）衡量，$city\_control_{ct}$ 为 c 城市的控制变量，$enterprise_{nt}$ 为 n 企业 t 年份的特征变量。此外，为控制企业个体差异对创新的影响，本书也引入了反映企业个体效应的虚拟变量。为控制区域经济发展差异以及行业特性对企业创新活动的影响，本书也加入了省份虚拟变量与行业虚拟变量，并对所有变量标准误，在年份层面、行业层面和省份层面进行了双向聚类。

$$\ln inno_{nict} = \beta_0 + \beta_1 diversity_{ct} + \beta_2 special_{ict} + \beta_n enterprise\_control_{nt} +$$
$$\beta_i city\_control_{ct} + \lambda_{province} + \lambda_{ind} + \lambda_{year} + \varepsilon_{nt} \tag{5.1}$$

在回归之前，本书先对模型在混合最小二乘法与随机效应之间作了选择，LM 检验 p 值小于 0，强烈拒绝原假设，应该选择随机效应。为在随机效应与固定效应之间作出选择，本书进行了豪斯曼检验，结果显示支持固定效应，以下回归若无特别指明，均使用固定效应估计方法。考虑到知识生产的滞后性，本书将多样化集聚（diversity）与专业化集聚（special）以及劳动市场高级化程度（hc）、城市工资水平（wages）、企业规模（size）、企业资产规模（lnzc）、政府补贴（subsidy）分别滞后了一期。考虑到产品创新所需周期更久，相应滞后两期。为缓解创新与产业集聚之间的内生性问题，本书在科研创新阶段将变量滞后两期的结果也纳入回归，科研创新阶段回归结果见表5.2，其中模型（1）和（3）为不加控制变量滞后一期的回归结果，模型（2）、（4）和（5）为加入控制变量滞后一期的回归结果，模型（6）、（7）和（8）为解释变量滞后两期的回归结果。表5.3为产品创新阶段回归结果。

从多样化集聚来看，不管是专利研发还是产品开发阶段，多样化集聚均起到了正向促进作用。甚至在专利创新滞后两期的结果中，多样化系数依旧显著为正，专业化作用不再显著，说明多样化对创新的促进作用更持久。多元化的行业在一个城市的集聚有助于上下游产业之间共享中间投入，从而节省成本、提高研发投入，也降低了行业创新门槛和成本。产业之间的技术合作和信息交流有助于整个生产链条的整合与协同创新，同时又能提升产业效率。跨部门交流合作是对技术创新的一种有益补充，并对公司构思和编纂有价值的技术发现的能力产生重大影响。正如 Tsai（2001）所说，"部门之间的交流共享为企业提供了相互学习和单位间合作的机会，这些机会可以刺激新知识的创造，同时更有助于部门之间的创新能力"。跨部门间的知识使用与转移对一项发明及其后来的技术应用具有积极且深远的影响（Miller，2007）。

从专业化集聚作用来看，本书的回归结果打破了当前对专业化"偏见"

的文献，这部分文献认为由于"技术锁定"效应以及"拥挤效应"（Grabher，1993；赖永剑，2012；张萃，2018），单一化的知识可能会抑制区域的创新发展，并且会抑制其他领域的创新思想。本书的研究结果证实无论是专利研发阶段还是新产品创新阶段，专业化集聚都发挥了正向作用。专业化集聚带来的行业规模效应是行业外部增长难以比拟的，这种规模效应不仅带来了中间投入成本上的节约，也使得企业共享研发服务变得可能，比如专利申请代理服务、知识产权法律服务，不仅降低了服务成本，也提高了企业的研发效率。另外，同一区域产业内部不仅有竞争也会有合作，激烈的竞争加速了企业产品更新换代的速度以满足市场需求偏好，而产业内部的联合创新使得企业之间互相获取创新资源变得可能，更重要的是扩大了技术合作范围，为新产品联合开发提供了平台，促进创新活动经济转化。

对比来看，专利研发与产品创新回归结果显示多样化集聚估计系数值均大于专业化估计系数，且滞后两期结果仍然显著，说明当前已形成多样化集聚与专业化集聚共同促进创新但以多样化为主导的局面。陈长石等（2019）也认为多样化集聚是城市产业集聚的主导方向。彭向和蒋传海（2011）、赖永剑（2012）的研究也认为多样化集聚在推动区域创新中起到主要作用。

表 5.2　科研创新全样本回归结果

	滞后一期					滞后二期		
	（1）	（2）	（3）	（4）	（5）	（6）	（7）	（8）
	FE	FE	FE	FE	FE	FE	FE	FE
$diversity_{t-1}$	0.605**	0.540*			0.591*			
	(2.01)	(1.67)			(1.84)			
$special_{t-1}$			0.020***	0.019**	0.020**			
			(2.59)	(2.34)	(2.43)			
$diversity_{t-2}$						1.177***		1.197***
						(2.61)		(2.65)
$special_{t-2}$							0.003	0.005
							(0.31)	(0.51)
$hc_{t-1,t-2}$		0.178		0.228*	0.183	0.086	0.161	0.086
		(1.43)		(1.87)	(1.48)	(0.61)	(1.15)	(0.61)

（续上表）

	滞后一期					滞后二期		
	(1)	(2)	(3)	(4)	(5)	(6)	(7)	(8)
	FE	FE	FE	FE	FE	FE	FE	FE
$market_t$		−0.032		−0.031	−0.030	−0.018	−0.021	−0.018
		(−1.50)		(−1.49)	(−1.41)	(−0.76)	(−0.90)	(−0.75)
$traffic_t$		0.004***		0.004***	0.004***	0.004**	0.004**	0.004**
		(2.93)		(2.85)	(2.93)	(2.24)	(2.20)	(2.23)
$scale_t$		0.051		0.043	0.054	0.095	0.071	0.095
		(0.91)		(0.79)	(0.97)	(1.41)	(1.07)	(1.41)
$wages_{t-1,t-2}$		0.020		0.022	0.021	0.017	0.020	0.017
		(1.08)		(1.22)	(1.13)	(0.72)	(0.86)	(0.73)
$size_{t-1,t-2}$		0.039**		0.037**	0.038**	0.027	0.025	0.027
		(2.29)		(2.17)	(2.21)	(1.28)	(1.19)	(1.27)
exp_t		0.147***		0.147***	0.147***	0.162***	0.161***	0.162***
		(3.76)		(3.77)	(3.77)	(3.34)	(3.31)	(3.34)
$state_t$		−0.025*		−0.024*	−0.024*	−0.030*	−0.030*	−0.030*
		(−1.91)		(−1.85)	(−1.87)	(−1.87)	(−1.85)	(−1.86)
age_t		0.001		0.000	0.001	0.000	−0.000	0.000
		(0.57)		(0.52)	(0.53)	(0.03)	(−0.00)	(0.03)
$subsidy_{t-1,t-2}$		0.325		0.332	0.342	−0.184	−0.175	−0.184
		(0.75)		(0.76)	(0.79)	(−0.88)	(−0.85)	(−0.87)
$lnzc_{t-1,t-2}$		0.056***		0.056***	0.056***	0.041**	0.042**	0.041**
		(3.94)		(3.95)	(3.94)	(2.51)	(2.56)	(2.52)
常数项	0.658	−0.663	1.167***	−0.166	−0.758	−0.698	0.509	−0.726
	(1.58)	(−0.95)	(3.74)	(−0.28)	(−1.09)	(−0.79)	(0.69)	(−0.82)
Year	Yes	Yes	Yes	Yes	Yes	Yes	Yes	Yes
Province	Yes	Yes	Yes	Yes	Yes	Yes	Yes	Yes
Ind	Yes	Yes	Yes	Yes	Yes	Yes	Yes	Yes
N	44 687	41 285	44 687	41 285	41 285	30 459	30 459	30 459

（续上表）

	滞后一期					滞后二期		
	（1）	（2）	（3）	（4）	（5）	（6）	（7）	（8）
	FE	FE	FE	FE	FE	FE	FE	FE
R^2	0.065	0.070	0.065	0.070	0.070	0.055	0.055	0.055

注：（1）括号内为 t 统计量；（2）＊、＊＊、＊＊＊分别表示在10%、5%和1%的水平上显著；（3）所有的标准误都经过企业层面上聚类（cluster）调整，以下若无特别说明则与之同；（4）FE代表固定效应模型，本章余下部分若无特别也均使用固定效应模型。

表5.3　产品创新全样本回归结果

	（1）	（2）	（3）	（4）	（5）	（6）
$diversity_{t-2}$	0.536*	0.535*			0.598*	0.585*
	(1.71)	(1.74)			(1.90)	(1.89)
$special_{t-2}$			0.025**	0.019**	0.027***	0.021**
			(2.55)	(2.00)	(2.66)	(2.11)
hc_{t-2}		0.155		0.169		0.148
		(1.12)		(1.22)		(1.08)
$market_t$		-0.023		-0.023		-0.023
		(-1.40)		(-1.38)		(-1.36)
$traffic_t$		-0.002		-0.002		-0.002
		(-1.04)		(-1.04)		(-1.03)
$scale_t$		0.010		0.009		0.016
		(0.09)		(0.09)		(0.15)
$wages_{t-2}$		-0.058**		-0.059***		-0.058**
		(-2.56)		(-2.62)		(-2.55)
$size_{t-2}$		0.080***		0.077***		0.077***
		(5.28)		(5.07)		(5.12)
exp_t		0.454***		0.455***		0.455***
		(12.97)		(13.04)		(13.05)
$state_t$		-0.029		-0.029		-0.028
		(-1.48)		(-1.46)		(-1.44)

（续上表）

	（1）	（2）	（3）	（4）	（5）	（6）
age_t		-0.001 （-0.94）		-0.001 （-0.95）		-0.001 （-0.94）
$subsidy_{t-2}$		1.133** （2.03）		1.094** （1.96）		1.114** （1.99）
$lnzc_{t-2}$		0.153*** （11.22）		0.153*** （11.22）		0.153*** （11.22）
常数项	1.458*** （3.54）	-0.899 （-1.06）	1.881*** （6.55）	-0.441 （-0.54）	1.340*** （3.26）	-1.022 （-1.21）
Year	Yes	Yes	Yes	Yes	Yes	Yes
Province	Yes	Yes	Yes	Yes	Yes	Yes
Ind	Yes	Yes	Yes	Yes	Yes	Yes
N	43 116	42 888	43 116	42 888	43 116	42 888
R^2	0.139	0.171	0.140	0.171	0.140	0.171

为观察四位码产业集聚的创新效应，本书也计算了四位码行业的专业化集聚程度与多样化集聚程度，并分别与科研创新和产品创新进行了回归，结果如表5.4所示。从科研创新回归结果来看，多样化集聚与专业化集聚回归系数均不再显著。从产品创新回归结果来看，专业化集聚系数为正但不显著，而多样化集聚系数仍然显著为正。这一方面印证了上述当前我国产业集聚多样化集聚导向的观点，另一方面也说明我国当前产业集聚的科研创新促进作用只在两位码产业有效，更细分类的产业集聚作用还未显现。虽然更细分类的产业集聚更能刻画集聚外部性，但是也缩小了产业合作交流以及知识溢出的范围，企业专利研发并无特别行业指示性，相反，知识吸收范围更为宽广，越有利于创新，因此四位码行业集聚效应对专利创新作用并不显著。但是产品创新阶段涉及工艺创作、产品开发、产品推广等更为精细的分工，在一定程度上增加了行业间的合作机会。异质行业间的合作往往更能产生新的产品和服务，带来更好的市场效果（张千帆等，2018），因此多样化集聚效果依然显现。但是行业细分下的企业相比合作交流，竞争可能会更加激烈，拥挤效应也会更加明显，由此带来的负面作用可能大于行业内部的合作共享效应，熊彼特假说效应认为市场竞争越激烈越不利于企业研发创新，因此，四位码

产业专业化集聚作用并不明显。

表5.4　四位码产业集聚与创新回归结果

	科研创新			产品创新		
	（1）	（2）	（3）	（4）	（5）	（6）
$diversity_{t-1}$	0.119 (0.25)		0.075 (0.16)			
$special_{t-1}$		−0.000 (−1.09)	−0.000 (−1.04)			
$diversity_{t-2}$				0.662* (1.76)		0.692* (1.83)
$special_{t-2}$				0.002 (1.33)		0.002 (1.41)
$hc_{t-1,t-2}$	0.245* (1.89)	0.247* (1.91)	0.246* (1.90)	0.169 (1.22)	0.170 (1.23)	0.165 (1.20)
$market_t$	−0.032 (−1.52)	−0.032 (−1.52)	−0.032 (−1.53)	−0.023 (−1.36)	−0.023 (−1.40)	−0.022 (−1.34)
$traffic_t$	0.004*** (2.79)	0.004*** (2.79)	0.004*** (2.79)	−0.002 (−1.05)	−0.002 (−1.04)	−0.002 (−1.04)
$scale_t$	0.018 (0.32)	0.018 (0.32)	0.018 (0.32)	0.005 (0.04)	0.004 (0.04)	0.005 (0.04)
$wages_{t-1,t-2}$	0.019 (1.03)	0.020 (1.06)	0.019 (1.04)	−0.059*** (−2.62)	−0.059*** (−2.59)	−0.058** (−2.57)
$size_{t-1,t-2}$	0.038** (2.24)	0.038** (2.24)	0.038** (2.24)	0.079*** (5.25)	0.076*** (5.05)	0.077*** (5.06)
exp_t	0.143*** (3.60)	0.143*** (3.60)	0.143*** (3.60)	0.454*** (12.97)	0.454*** (12.98)	0.455*** (12.98)
$state_t$	−0.029** (−2.17)	−0.029** (−2.16)	−0.029** (−2.16)	−0.029 (−1.49)	−0.029 (−1.48)	−0.029 (−1.46)
age_t	0.001 (0.62)	0.001 (0.62)	0.001 (0.62)	−0.001 (−0.96)	−0.001 (−0.97)	−0.001 (−0.98)

（续上表）

	科研创新			产品创新		
	（1）	（2）	（3）	（4）	（5）	（6）
$subsidy_{t-1,t-2}$	0.584 (0.79)	0.586 (0.79)	0.586 (0.79)	1.126** (2.02)	1.110** (1.99)	1.122** (2.01)
$lnzc_{t-1,t-2}$	0.063*** (4.35)	0.063*** (4.36)	0.063*** (4.36)	0.153*** (11.23)	0.153*** (11.25)	0.153*** (11.25)
常数项	−0.034 (−0.05)	0.078 (0.13)	0.007 (0.01)	−1.014 (−1.13)	−0.387 (−0.47)	−1.058 (−1.18)
$Year$	Yes	Yes	Yes	Yes	Yes	Yes
$Province$	Yes	Yes	Yes	Yes	Yes	Yes
Ind	Yes	Yes	Yes	Yes	Yes	Yes
N	39 948	39 948	39 948	42 888	42 888	42 888
R^2	0.070	0.070	0.070	0.171	0.171	0.171

5.3.2　城市异质性分组回归

科研创新与产品创新均具有明显的区域差异，因此，本书将样本分为东部城市和中西部城市，分别进行回归分析，结果如表 5.5 所示。可以看到，产业集聚效应与创新地理的发展现状较为吻合。东部城市是产业的集聚地，在产业规模、人才吸引、教育资源等方面具有中西部地区无法比拟的优势，专业化集聚与多样化集聚对企业科研创新、产品创新均有正向影响作用。而中西部城市产业发展滞后，产业规模较小，多以劳动密集型产业与资源密集型产业集聚为主，尚未形成产业升级效应以及大企业带动效应，对知识的吸收利用有限，专业化集聚与多样化集聚对创新的促进作用并没有显现。

表 5.5　分区域回归结果

	东部城市		中西部城市	
	科研创新	产品创新	科研创新	产品创新
	（1）	（2）	（3）	（4）
$diversity_{t-1}$	0.800 * （1.68）		0.188 （0.41）	
$special_{t-1}$	0.023 ** （2.21）		0.007 （0.63）	
$diversity_{t-2}$		2.117 *** （2.70）		−0.410 （−0.70）
$special_{t-2}$		0.043 ** （2.00）		−0.006 （−0.30）
$hc_{t-1,t-2}$	−0.028 （−0.15）	−0.118 （−0.42）	−0.038 （−0.16）	−0.446 （−1.25）
$market_t$	−0.025 （−1.09）	−0.035 （−1.19）	0.002 （0.05）	0.031 （0.50）
$traffic_t$	0.004 *** （2.61）	−0.002 （−0.69）	0.011 （1.57）	−0.004 （−0.39）
$scale_t$	0.038 （0.68）	−0.084 （−0.46）	0.125 （0.91）	0.098 （0.45）
$wages_{t-1,t-2}$	0.046 ** （2.22）	−0.015 （−0.38）	−0.003 （−0.03）	0.013 （0.09）
$size_{t-1,t-2}$	0.026 （1.33）	0.063 ** （2.20）	0.044 （1.14）	0.161 *** （3.13）
exp_t	0.146 *** （3.63）	0.607 *** （11.83）	0.168 （1.24）	0.726 *** （5.01）
$state_t$	−0.020 （−1.37）	−0.011 （−0.28）	−0.046 （−1.58）	−0.019 （−0.41）
age_t	−0.000 （−0.15）	−0.000 （−0.37）	0.003 （1.59）	−0.001 （−0.81）
$subsidy_{t-1,t-2}$	0.854 * （1.95）	2.405 * （1.68）	0.804 （0.61）	0.475 （0.24）

（续上表）

	东部城市		中西部城市	
	科研创新	产品创新	科研创新	产品创新
	(1)	(2)	(3)	(4)
$lnzc_{t-1,t-2}$	0.082 *** (4.30)	0.325 *** (10.46)	0.023 (1.27)	0.099 *** (4.13)
常数项	−1.326 (−1.57)	−3.958 ** (−2.53)	−0.468 (−0.40)	−2.197 (−1.55)
Year	Yes	Yes	Yes	Yes
Province	Yes	Yes	Yes	Yes
Ind	Yes	Yes	Yes	Yes
N	32 887	30 731	8 320	12 055
R^2	0.063	0.094	0.117	0.117

为进一步比较不同规模城市的集聚外部性对企业创新的影响，本书对城市进行规模分类分析。由于企业创新与经济密度关联较大，因此本书选择人口密度指标对城市规模进行分组，将人口密度大于均值的归为大城市，人口密度小于均值的则归为小城市，回归结果如表5.6所示。大城市分组回归结果与基准结果保持一致，专业化集聚与多样化集聚对于企业科研创新与产品创新均具有显著作用，尤其是多样化集聚系数值有了明显提升。但是小城市回归结果却出现了变化，专业化集聚与多样化集聚均不再显著。这一方面再一次印证了产业集聚效应与创新地理现状较为吻合的事实，另一方面说明随着城市规模的变化，集聚外部性对企业创新能力的影响也有了不一样的特征。大城市规模更大，经济密度更高，相应产业更加多元化，不仅促进了原有企业的创新发展，企业之间的互动合作也更能带动新兴产业的发展。产品创新的复杂性也需要更多功能互补的产业参与其中，大城市显然更具备这种能力。另外，大城市产业内部的规模效应以及领头企业的辐射带动作用，使得中小企业更能享受到行业内部的共享效应以及知识溢出效应，进一步促进企业创新提升。

小城市由于经济发展水平低，企业数量较少且分散，一方面未形成像大城市那样的专业化集聚效应，另一方面也限制了多元化发展。例如创新能力排第一位的通信设备制造业，小城市平均产值只占到 18.69%，而创新能力排在末位的饮料制造业，小城市平均产值占到 52.04%。这说明小城市资源多集中在劳动密集型产业上，这类行业更多依赖于熟练的劳动技能和低附加值能耗投入，对知识的吸收能力有限，知识的交流合作在这些区域难以起到显著作用。在企业数目上小城市差距也十分明显，如黄山市样本期间共 105 家企业申请专利，承德市样本期间共 114 家企业，而辽阳市样本期间共 85 家企业。申请专利的企业数目远远低于如上海市（13 735）、广州市（3 701）、佛山市（2 258）等大城市。近年来随着西部大开发和产业转移战略的部署，虽然也形成了小城市产业园区遍地开花的局势，但是人口密度低（杨本建、黄海珊，2018）、难以吸收高技术产业、产业质量良莠不齐等问题也十分突出。因此对于小城市来说，产业集聚的先天不足尤其是缺乏高技术产业的集聚优势，导致难以对专利研发及更为复杂的产品开发形成促进作用。

表 5.6　城市规模分组回归

	大城市		小城市	
	科研创新	产品创新	科研创新	产品创新
	（1）	（2）	（3）	（4）
$diversity_{t-1}$	0.938* (1.80)		−0.114 (−0.32)	
$special_{t-1}$	0.022** (2.12)		−0.004 (−0.26)	
$diversity_{t-2}$		5.086*** (5.97)		−0.772 (−1.46)
$special_{t-2}$		0.046** (2.14)		−0.006 (−0.26)
$hc_{t-1,t-2}$	−0.015 (−0.61)	−0.352 (−1.50)	−0.047 (−0.15)	0.264 (0.40)
$market_t$	0.001 (0.02)	−0.029 (−0.81)	−0.116** (−2.12)	−0.104* (−1.85)

（续上表）

	大城市		小城市	
	科研创新	产品创新	科研创新	产品创新
	(1)	(2)	(3)	(4)
$traffic_t$	0.004 ***	−0.001	0.001	−0.012
	(2.64)	(−0.29)	(0.10)	(−1.25)
$scale_t$	0.043	0.077	0.042	−0.231
	(0.71)	(0.41)	(0.22)	(−1.35)
$wages_{t-1,t-2}$	0.018	−0.108 ***	0.072	0.276 *
	(0.81)	(−2.59)	(0.87)	(1.87)
$size_{t-1,t-2}$	0.032 *	0.118 ***	0.044	0.102 *
	(1.68)	(4.07)	(1.09)	(1.78)
exp_t	0.163 ***	0.818 ***	−0.136	0.384 ***
	(3.99)	(10.29)	(−1.10)	(3.05)
$state_t$	−0.017	−0.009	−0.077 **	−0.068
	(−1.22)	(−0.23)	(−2.29)	(−1.25)
age_t	0.000	−0.001	−0.001	0.000
	(0.31)	(−0.76)	(−0.48)	(0.02)
$subsidy_{t-1,t-2}$	1.404	1.649	0.253	2.658
	(1.62)	(1.16)	(0.26)	(1.04)
$\ln zc_{t-1,t-2}$	0.068 ***	0.192 ***	0.026	0.217 ***
	(4.14)	(7.35)	(0.90)	(4.82)
常数项	−0.674	−6.685 ***	0.627	0.067
	(−0.84)	(−4.20)	(0.41)	(0.05)
$Year$	Yes	Yes	Yes	Yes
$Province$	Yes	Yes	Yes	Yes
Ind	Yes	Yes	Yes	Yes
N	32 735	28 175	6 583	9 659
R^2	0.068	0.085	0.084	0.116

5.3.3　门槛检验

由以上回归结果可知，多样化集聚与专业化集聚均能促进企业创新，但是在东部城市与中西部城市之间、大城市与小城市之间呈现差异。传统的线性模型无法解释和判断专业化集聚与多样化集聚在不同区位的作用机制，为此，本书使用 Hansen（1999）提出的面板门槛回归模型作进一步的实证分析。设定回归模型如下：

$$\ln inno_{nict} = \beta_0 + \beta_1 diversity_{ct} \cdot f\left(diversity_{ct} \leq \gamma\right) + \\ \beta_2 diversity_{ct} \cdot f\left(diversity_{ct} > \gamma\right) + \beta_3 X + \mu_{it} \tag{5.2}$$

$$\ln inno_{nict} = \varphi_0 + \varphi_1 special_{ict} \cdot f\left(special_{ict} \leq \delta\right) + \\ \varphi_2 special_{ict} \cdot f\left(special_{ict} > \delta\right) + \varphi_3 X + \mu_{it} \tag{5.3}$$

其中 $f(\cdot)$ 代表当括号内的表达式不成立时取 0，反之取 1。γ 与 δ 为待估门槛值，根据门槛变量专业化外部性与多样化外部性是否大于 γ 或 δ 分成两个区间，并分别使用 β 和 φ 表示两个变量之间的斜率值。X 代表控制变量，与基准回归模型控制变量相一致。μ_{it} 为随机扰动项。同时，在单一门槛回归的基础上，也需要考虑存在多个门槛值的情形，本书以三个门槛值为例，对模型（5.2）和（5.3）进行重新设定，如式（5.4）和式（5.5）所示。三重门槛估计模型与单一门槛估计模型相一致，在固定第一个门槛和第二个门槛后，再估计第三个门槛。

$$\ln inno_{nict} = \beta_0 + \beta_1 diversity_{ct} \cdot f\left(diversity_{ct} \leq \gamma_1\right) + \beta_2 diversity_{ct} \cdot \\ f\left(\gamma_1 < diversity_{ct} \leq \gamma_2\right) + \beta_3 diversity_{ct} \cdot f\left(diversity_{ct} > \gamma_3\right) + \varphi_4 X + \mu_{it}$$
$$\tag{5.4}$$

$$\ln inno_{nict} = \varphi_0 + \varphi_1 special_{ict} \cdot f\left(special_{ict} \leq \delta_1\right) + \varphi_2 special_{ict} \cdot \\ f\left(\delta_1 < special_{ict} \leq \delta_2\right) + \varphi_3 special_{ict} \cdot f\left(special_{ict} > \delta_3\right) + \varphi_4 X + \mu_{it} \tag{5.5}$$

为提高门槛估计的精确度，本书使用 Hansen（1999）的"栅格搜索法"来连续给出门槛回归中的门槛候选值。得到参数估计值之后，借鉴参考李梅和柳士昌（2012）的做法，进行两方面的检验，一是门槛效应的显著性检验，通过 Bootstrap 方法反复抽样 1 500 次得到检验统计量对应的 F 值和 P 值，判断是否存在门槛效应。二是对门槛低真实性进行检验，即检验所得门槛值是否等于真实值。借鉴 Hansen 的研究方法，使用极大似然估计量检验门槛值，通过计算 LR 统计量的拒绝域，来判断是否拒绝原假设，进而评估其真实性。

　　鉴于本书样本的数量较大，使用门槛模型会导致无法估计的问题，故将企业数据统计到城市层面两位码行业样本进行估计。门槛效应显著性检验结果如表 5.7 所示，可看出，当以多样化集聚与专业化集聚为门槛变量时，F 统计量在单一门槛、双重门槛和三重门槛下都至少在 10% 的显著性水平下显著，且 P 值均小于 0.1，说明可以基于三重门槛模型进行分析。

表 5.7　门槛效应自抽样检验结果

解释变量		模型	F 值	P 值	BS 次数	临界值水平		
						1%	5%	10%
科研创新	diversity	单一门槛	14.706 **	0.012	500	17.826	9.355	6.866
		双重门槛	5.398 *	0.100	500	15.690	7.284	5.318
		三重门槛	4.152 *	0.091	500	15.705	7.865	6.745
	special	单一门槛	73.615 ***	0.000	500	17.799	10.553	6.557
		双重门槛	40.583 ***	0.000	500	13.823	7.517	4.871
		三重门槛	12.571 **	0.012	500	13.234	8.059	6.090
产品创新	diversity	单一门槛	17.432 ***	0.006	500	14.290	9.324	7.357
		双重门槛	12.740 **	0.020	500	19.111	9.115	6.495
		三重门槛	5.013 *	0.090	500	11.909	6.651	4.718
	special	单一门槛	31.414 ***	0.000	500	10.117	6.728	4.778
		双重门槛	22.608 ***	0.000	500	11.263	6.963	4.722
		三重门槛	10.883 ***	0.006	500	10.251	7.034	4.752

　　注：BS 次数表示采用 Bootstrap 方法抽样次数，P 值为抽样后得到的概率值，并使用 P 值判断 F 统计量在多大的显著水平上通过门槛效应检验。

　　然后对门槛估计值进行检验，门槛值的估计结果和 95% 的置信区间如表
5.8 所示，分别给出了各创新阶段多样化集聚与专业化集聚的单一门槛值、双
重门槛值和三重门槛值。结合表 5.7 和表 5.8，根据门槛真实性检验原理，本
书绘制了科研创新多样化与专业化 2 个门槛估计值在 95% 置信区间下的似然
比函数图，如图 5.2（a）（b）（c）（d）所示，其中 LR 统计量的最低点为对
应的真实门槛值，虚线表示临界值，可看出，门槛估计值对应的 L 值明显小
于临界值，说明门槛估计值真实有效。产品创新似然比函数图显示多样化第
三门槛值 L 值明显高于临界值，说明第三门槛失去了意义，其他门槛值真实
有效，本部分不再列出，详见附录 2。

表 5.8　门槛估计值与置信区间

	解释变量	模型	门槛估计值	95% 置信区间
科研创新	*diversity*	单一门槛模型	0.905	［0.867，0.945］
		双重门槛模型	0.948	［0.867，0.948］
			0.905	［0.852，0.941］
		三重门槛模型	0.877	［0.644，0.946］
	special	单一门槛模型	7.089	［7.089，7.089］
		双重门槛模型	0.350	［0.344，0.350］
			7.089	［7.089，7.089］
		三重门槛模型	2.699	［0.152，10.280］
产品创新	*diversity*	单一门槛模型	0.739	［0.722，0.928］
		双重门槛模型	0.739	［0.718，0.928］
			0.928	［0.925，0.944］
		三重门槛模型	0.944	［0.612，0.947］
	special	单一门槛模型	3.243	［3.114，3.452］
		双重门槛模型	1.276	［1.266，1.332］
			3.243	［3.114，3.452］
		三重门槛模型	1.975	［0.211，5.000］

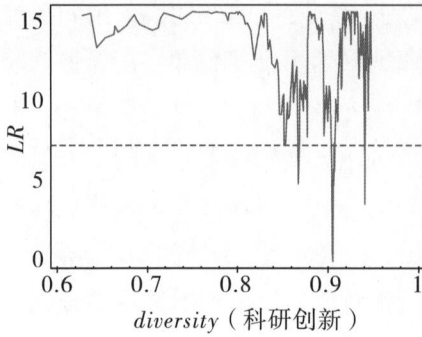

图 5.2(a)　科研创新多样化第一门槛值

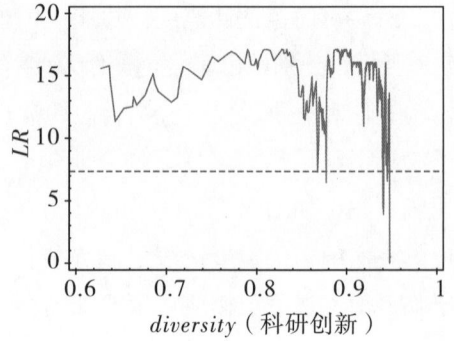

图 5.2(b)　科研创新多样化第二门槛值

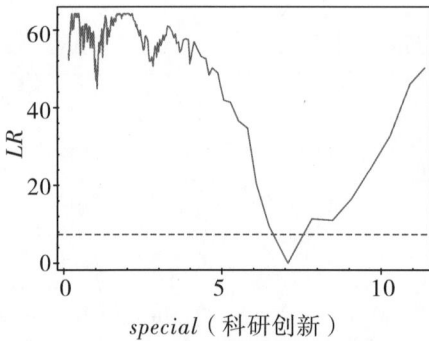

图 5.2(c)　科研创新专业化第一门槛值

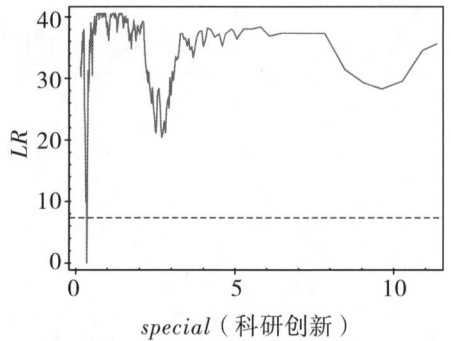

图 5.2(d)　科研创新专业化第二门槛值

　　针对以上门槛估计值，本书给出了各创新阶段多样化集聚与专业化集聚的门槛估计结果，由于科研创新多样化集聚大于 0.948 门槛值的样本数量过少，因此不再考虑，如表 5.9 所示。

表 5.9　面板门槛模型估计结果

多样化集聚	科研创新	门槛回归	产品创新	门槛回归
	$diversity \leqslant 0.877$	-0.129	$diversity \leqslant 0.739$	-0.464
		(-1.24)		(-1.18)
	$0.905 \geqslant diversity > 0.877$	0.236***	$0.928 \geqslant diversity > 0.739$	0.153**
		3.55		(2.31)
	$diversity > 0.905$	-0.214***	$diversity > 0.928$	-0.145**
		-2.78		(-2.22)

（续上表）

	科研创新	门槛回归	产品创新	门槛回归
专业化集聚	$special \leqslant 0.350$	-1.663^{***}	$special \leqslant 1.276$	0.028
		(-5.57)		(0.52)
	$2.699 \geqslant special > 0.350$	0.100^{***}	$1.975 \geqslant special > 1.276$	0.015
		(2.91)		(0.52)
	$7.089 \geqslant special > 2.699$	0.073^{***}	$3.243 \geqslant special > 1.975$	0.067^{***}
		(3.64)		(2.75)
	$special > 7.089$	-0.030^{*}	$special > 3.243$	0.057^{**}
		(-1.94)		(2.19)
常数项		Yes	常数项	Yes
控制变量		Yes	控制变量	Yes
$Year$		Yes	$Year$	Yes
N		5 203	N	6 111

注：（1）括号内为 t 统计量；（2）*、**、***分别表示在10%、5%和1%的水平上显著；（3）所有的标准误都经过行业层面上聚类（cluster）调整；（4）控制变量选择仅限于城市层次，与基准回归模型保持一致。

当多样化集聚过低时（$diversity \leqslant 0.877$，$diversity \leqslant 0.739$），表现出对创新有不显著的抑制作用。截至2009年，有将近81个小城市低于0.877的门槛值，说明小城市存在多样化集聚度不高的情况，导致对创新促进作用低下。当多样化集聚提升时（$0.905 \geqslant diversity > 0.877$，$0.928 \geqslant diversity > 0.739$），对创新有明显的促进作用，并且在 $0.905 \geqslant diversity > 0.877$ 范围内表现出对科研创新与产品创新的共同促进。随着多样化集聚程度的进一步提高（$diversity > 0.905$，$diversity > 0.928$），表现出对创新的抑制作用，这是之前的回归未发现的结果，这一发现反驳了当前多样化集聚越高对创新促进作用越大的说法（彭向、蒋传海，2011；沈能、赵增耀，2014；张萃，2018；陈羽洁等，2020），多样化集聚存在促进创新的最优区间，过低或过高均不利于科研创新和产品创新，二者呈现倒 U 形关系。根据统计分析本书发现有43个小城市超过这一门槛值，如乌鲁木齐市、牡丹江市、桂林市等。这些城市表现为产业多但较为散乱的情况，尤其是对于一些政策主导型产业集群区，受优惠政策吸引而集群，企业之间缺少上下游连接，形成"形聚而神散"的集聚怪象，并未形成规模效应，无法发挥集聚优势，反而抑制了企业创新。大城市也有部分城市表现出类似产业特点，如合肥市、石家庄市等城市也应注意这一问题。

当专业化集聚过低（$special \leqslant 0.350$，$special \leqslant 1.276$，$1.975 \geqslant special > 1.276$）时也不利于创新，而且产品创新对专业化门槛要求更高，达到 1.975。以通信设备制造业为例，小城市中低于 0.350 门槛值的城市有 32 个，低于 1.975 门槛值的有 58 个，说明小城市专业化集聚度不高是抑制创新发展的重要原因。随着专业化集聚度提升（$2.699 \geqslant special > 0.350$，$7.089 \geqslant special > 2.699$，$3.243 \geqslant special > 1.975$，$special > 3.243$），对创新的显著促进作用逐渐明朗。但当专业化集聚度提高到 7.089 以后，也会出现对科研创新的抑制作用，但这种抑制作用主要表现在一些垄断或者资源型产业。如东莞市的文体用品制造业，马鞍山市的黑色金属冶炼及压延加工业，太原市的石油加工、炼焦及核燃料加工业以及黑色金属冶炼及压延加工业等，小城市如宜宾市的饮料制造业、昆明市的烟草制品业、攀枝花市的黑色金属冶炼及压延加工业等行业，缺乏相应竞争机制，损害了创新。对于产品创新，当前没有检验到随着专业化集聚增强而表现出的抑制作用，原因可能在于产品创新门槛值只有 3.243，远远小于科研创新门槛值 7.089，抑制作用还未显现。

5.3.4 分组检验

5.3.4.1 行业分组回归

高科技行业是知识与技术密集的行业，技术发展日新月异，企业要有高质量的前沿创造才能在行业中立于不败之地。因此，高科技行业对集聚外部性的吸收表现可能会异于非高科技行业。本节参照 OECD 的分类标准，将整个样本划分为高技术行业与中低技术行业，分别进行回归分析，回归结果如表 5.10 所示。首先在科研创新方面，集聚外部性对高技术行业与中低技术行业并未表现出明显的差异，说明中低技术行业科研创新阶段同样受益于多样化外部性与专业化外部性。但是二者在产品创新阶段表现出不同，高技术行业组更受益于多样化集聚，专业化作用不显著；而中低技术行业组多样化集聚与专业化作用均不再显著。这说明，高技术行业对产品创新的要求和需求更高，产业内的交流合作无法满足其产品研发要求，而多元化的环境，如跨行业的技术交流、专业的市场推广、产品设计等更有利于其创新发展。而对于中低技术行业，专业化集聚带来的更多是同质产品模仿跟随，其重点在于生存而非创新（Combes，2000），促进作用有限。另外由于产品创新对于企业技术能力、研发能力、企业规模、企业资金、企业生产率等要求更高（杜威剑、李梦洁，2015），非高科技企业可能面临着有专利研发但是无法转化成经济价值的情况。再加上企业本身技术水平较低的原因，对于具有认知差异的不同产业的企业而言，企业之间的交流合作、资源共享渠道不畅，因此，多样化外部性也难以起到显著作用。

表 5.10　高技术行业与中低技术行业分组回归

	高技术行业		中低技术行业	
	科研创新	产品创新	科研创新	产品创新
	（1）	（2）	（3）	（4）
$diversity_{t-1}$	0.436* (1.86)		0.882** (2.08)	
$special_{t-1}$	0.025** (2.09)		0.030*** (2.73)	
$diversity_{t-2}$		0.886* (1.70)		0.003 (0.00)
$special_{t-2}$		0.023 (1.05)		0.046 (1.62)
$hc_{t-1,t-2}$	0.379** (2.18)	0.163 (0.76)	-0.175 (-1.02)	-0.358 (-0.62)
$market_t$	-0.056** (-2.04)	-0.027 (-0.89)	-0.014 (-0.43)	-0.086 (-1.49)
$traffic_t$	0.004* (1.87)	-0.001 (-0.44)	0.006** (2.33)	-0.012* (-1.76)
$scale_t$	-0.015 (-0.21)	0.029 (0.26)	0.034 (0.51)	0.371 (0.70)
$wages_{t-1,t-2}$	0.014 (0.59)	-0.102** (-2.57)	0.043 (1.49)	-0.105 (-1.31)
$size_{t-1,t-2}$	0.049** (2.17)	0.112*** (3.79)	0.028 (1.06)	0.158*** (3.38)

（续上表）

	高技术行业		中低技术行业	
	科研创新	产品创新	科研创新	产品创新
	（1）	（2）	（3）	（4）
exp_t	0.164 *** (2.99)	0.248 *** (6.23)	0.063 (1.02)	0.558 *** (6.07)
$state_t$	−0.019 (−1.14)	−0.028 (−0.81)	−0.040 * (−1.89)	0.014 (0.21)
age_t	−0.002 (−1.60)	−0.001 (−0.67)	0.002 * (1.81)	−0.001 (−0.37)
$subsidy_{t-1,t-2}$	1.539 (1.62)	−0.215 (−0.35)	−0.562 (−0.46)	4.262 * (1.72)
$lnzc_{t-1,t-2}$	0.067 *** (3.94)	0.209 *** (8.96)	0.053 ** (2.23)	0.121 *** (2.68)
常数项	0.553 (0.88)	−2.719 *** (−2.89)	−1.152 (−1.40)	−1.221 (−0.33)
$Year$	Yes	Yes	Yes	Yes
$Province$	Yes	Yes	Yes	Yes
Ind	Yes	Yes	Yes	Yes
N	23 735	30 826	17 117	11 236
R^2	0.094	0.096	0.053	0.067

5.3.4.2 企业分组回归

国有企业是国民经济的命脉，由于其重要的战略地位和垄断性质，更容易获得政策支持和资金扶持，相比之下，非国有企业由于激烈的竞争环境，更容易受到创新激励。因此，本部分按照产权性质将样本分为国有企业和非国有企业进行检验，回归结果如表5.11所示。

区分产权性质之后，可以看到，国有企业和非国有企业的表现完全不同。非国有企业依然受集聚外部性作用影响，而国有企业几乎不受集聚外部性影响。国有企业虽然多数处于产业内技术效率的领先地位，但是，由于其特殊的垄断保护和各项政策优惠，这种非竞争的环境很难对其产生创新激励效应（张杰等，2014）。国有企业虽然实力雄厚，但其创新能力仍有待提高，在人才、资金、产业经验积累方面的竞争优势仍有待开发。相反，时刻处于竞争环境的非国有企业，必须通过吸收各种有益的因素，才能在市场中站稳脚跟，灵活多样的产业环境则为其注入更多创新活力。但也应当注意到，对于非国有企业来说，产品创新阶段专业化集聚作用并不显著，产品创新更多受益于多样化集聚，这与产品阶段创新更需要跨行业特性有关。因而，各城市创新政策重点在于，严格制定政府和市场的边界，适当减少对国有企业补贴优惠，引入竞争机制，促进国有企业创新能力的提升。而对于非国有企业，进一步发挥集聚效应优势，营造公平的竞争环境，是促使企业创新水平提升的关键。

表 5.11　产权属性分组回归

	国有企业		非国有企业	
	科研创新	产品创新	科研创新	产品创新
	（1）	（2）	（3）	（4）
$diversity_{t-1}$	0.090 (0.20)		0.865** (2.04)	
$special_{t-1}$	-0.000 (-0.01)		0.021** (2.07)	
$diversity_{t-2}$		-0.501 (-0.92)		2.436*** (3.03)
$special_{t-2}$		-0.012 (-0.58)		0.012 (0.51)
$hc_{t-1,t-2}$	0.220 (0.96)	-0.309 (-1.03)	-0.164 (-0.99)	-0.153 (-0.48)
$market_t$	0.024 (0.43)	-0.007 (-0.13)	-0.005 (-0.22)	-0.058* (-1.69)
$traffic_t$	0.009* (1.95)	0.000 (0.04)	0.003** (2.11)	-0.004 (-0.96)

（续上表）

	国有企业		非国有企业	
	科研创新	产品创新	科研创新	产品创新
	(1)	(2)	(3)	(4)
$scale_t$	−0.045 (−0.38)	0.143 (0.68)	0.031 (0.57)	−0.048 (−0.25)
$wages_{t-1,t-2}$	−0.054 (−1.48)	−0.138** (−2.32)	0.024 (1.03)	−0.071 (−1.35)
$size_{t-1,t-2}$	0.019 (0.58)	0.069 (1.46)	0.049** (2.31)	0.148*** (4.33)
exp_t	0.284** (1.99)	0.724*** (5.10)	0.135*** (3.36)	0.545*** (10.75)
age_t	0.001 (0.78)	−0.002 (−1.49)	0.001*** (4.26)	0.000 (0.16)
$subsidy_{t-1,t-2}$	0.510 (0.34)	1.790 (1.01)	0.724 (0.79)	−0.833 (−0.51)
$lnzc_{t-1,t-2}$	0.105*** (3.37)	0.316*** (7.01)	0.050*** (2.93)	0.132*** (5.13)
常数项	1.042 (0.75)	−3.209* (−1.83)	−0.546 (−0.81)	−2.797 (−1.54)
Year	Yes	Yes	Yes	Yes
Province	Yes	Yes	Yes	Yes
Ind	Yes	Yes	Yes	Yes
N	9 695	13 940	30 062	24 809
R^2	0.161	0.106	0.044	0.090

　　就企业自身特征而言，规模不同也会导致企业在创新中的不同表现，大企业具有较强的规模效应和雄厚的资金实力，随着企业生产能力的提高和劳动质量的提高，企业自主研发意识以及新产品的更新换代速度会进一步加强，而中小企业由于规模与实力限制，可能会更加受益于集聚外部性（赖永剑，2012）。因此，本书将样本分为大企业和中小企业分别进行回归分析，为更清楚地观察到不同企业规模的创新差异，将科研创新中更能代表企业创新能力

的发明专利也纳入回归，如表 5.12 所示。可观察到，大企业科研创新整体并不显著，发明专利和产品创新更受益于专业化集聚，多样化外部性不再显著。这说明大企业创新更依赖自身实力以及产业专业化程度，从集聚外部性中受益并不多。相比而言，中小企业科研创新和产品创新都更受益于集聚外部性，是样本企业中主要的受益者。中小企业占我国企业的大多数，在样本数据中占据 83.7% 的份额，专业化的环境尤其是多样化的环境更利于这类企业创新发展。但也应该注意到中小企业创新过程中的短板，专业化集聚和多样化集聚对发明专利促进作用为正但并不显著，说明相比大企业追求创新"质量"而言，这类企业更加追求创新"数量"，一定程度上凸显出当今我国创新质量不高以及专利泡沫问题。

表 5.12　企业规模异质性分组回归

	大企业			中小企业		
	科研创新	发明专利	产品创新	科研创新	发明专利	产品创新
	(1)	(2)	(3)	(4)	(5)	(6)
$diversity_{t-1}$	0.410 (0.80)	0.056 (0.12)		0.867** (2.24)	0.132 (0.41)	
$special_{t-1}$	0.018 (1.48)	0.024** (2.05)		0.022** (2.10)	0.010 (1.38)	
$diversity_{t-2}$			0.455 (0.86)			0.718** (2.04)
$special_{t-2}$			0.028* (1.94)			0.024** (2.07)
$hc_{t-1,t-2}$	0.491** (2.18)	0.507** (2.43)	0.096 (0.37)	−0.062 (−0.42)	0.298** (2.45)	−0.060 (−0.41)
$market_t$	−0.050 (−1.19)	−0.011 (−0.30)	0.020 (0.50)	−0.038* (−1.70)	−0.025* (−1.65)	−0.008 (−0.46)
$traffic_t$	0.006* (1.89)	0.008*** (2.77)	−0.000 (−0.09)	0.003* (1.93)	0.002 (1.35)	−0.001 (−0.67)
$scale_t$	0.049 (0.52)	0.028 (0.34)	0.109 (0.53)	−0.002 (−0.04)	0.060* (1.67)	−0.020 (−0.22)
$wages_{t-1,t-2}$	0.049 (1.28)	0.069* (1.93)	0.010 (0.18)	0.052** (2.52)	0.084*** (5.12)	−0.031 (−1.28)

（续上表）

	大企业			中小企业		
	科研创新	发明专利	产品创新	科研创新	发明专利	产品创新
	(1)	(2)	(3)	(4)	(5)	(6)
$size_{t-1,t-2}$	0.003 (0.06)	0.016 (0.37)	−0.019 (−0.34)	0.050** (2.38)	0.010 (0.61)	0.077*** (4.65)
exp_t	−0.010 (−0.10)	−0.107 (−1.18)	0.450*** (5.05)	0.135*** (3.18)	0.080** (2.40)	0.375*** (10.03)
$state_t$	−0.087*** (−3.04)	−0.068*** (−2.61)	−0.019 (−0.58)	−0.012 (−0.84)	−0.004 (−0.31)	0.012 (0.52)
age_t	0.000* (1.91)	−0.000 (−0.44)	0.000 (0.29)	0.000*** (3.27)	−0.000 (−1.01)	−0.001 (−1.40)
$subsidy_{t-1,t-2}$	−2.931 (−1.39)	0.540 (0.27)	1.433 (0.74)	−0.187 (−0.23)	0.790 (1.11)	1.160** (2.00)
$lnzc_{t-1,t-2}$	0.162*** (4.00)	0.158*** (4.39)	0.248*** (5.78)	0.023 (1.51)	0.028** (2.38)	0.137*** (9.56)
常数项	−1.440 (−1.35)	−1.573 (−1.56)	−1.874 (−1.16)	−0.410 (−0.54)	−0.796 (−1.42)	−0.974 (−1.26)
Year	Yes	Yes	Yes	Yes	Yes	Yes
Province	Yes	Yes	Yes	Yes	Yes	Yes
Ind	Yes	Yes	Yes	Yes	Yes	Yes
N	9 042	9 042	9 153	30 764	30 764	31 195
R^2	0.145	0.221	0.254	0.047	0.089	0.132

5.4　作用机制分析

上文的实证结果显示多样化外部性与专业化外部性对创新的促进作用，为进一步验证假说二和假说四是否成立，本部分则通过实证分析对集聚经济外部性的作用渠道给予证明。

5.4.1　专业化外部性作用机制分析

首先我们分析专业化外部性的影响机制，由于区位熵可以反映地区专业化水平，因此本书借鉴区位熵的概念及计算方法（Holmes，1999）对垂直非一体化指数进行改进，使用如下公式测算劳动力池效应（labor pool）、中间投入共享（input share）和行业内知识溢出效应（knowledge spillover）：

$$labor\ pool_{cj} = \frac{\dfrac{W_{cj}}{W_c}}{\dfrac{W_{nj}}{W_n}} \tag{5.6}$$

$$inputshare_{cj} = \frac{\dfrac{T_{cj}}{T_c}}{\dfrac{T_{nj}}{T_n}} \tag{5.7}$$

$$know\_spillover_{cj} = \frac{\dfrac{S_{cj}}{S_c}}{\dfrac{S_{nj}}{S_n}} \tag{5.8}$$

关于劳动力池指标的构建，本书参考 Lu 和 Tao（2009）的方法，使用行业相对工资水平进行构建，行业工资水平可以反映该地区行业对其他行业劳动力的吸引水平（陶锋等，2018），因而可以作为劳动力池的代理变量。如式（5.6）所示，其中 W_{cj} 表示 c 城市 j 行业的工资水平，W_c 表示 c 城市的工资水平，W_{nj} 表示全国 j 行业的工资水平，W_n 表示全国工资水平，当 $labor\ pool_{cj} > 1$ 时，表示 c 城市 j 行业的劳动力池效应在全国处于优势地位，当 $labor\ pool_{cj} < 1$ 时，表示 c 城市 j 行业的劳动力池效应在全国处于劣势地位。

如果某地区行业中间投入采购需求量较大，则中间供应商会向该地集中，以此形成投入共享效应，因此，本书采用行业外购中间投入构建中间投入共享指标。如式（5.7）所示，T_{cj} 表示的是 c 城市 j 行业外购的中间投入，当 $inputshare_{cj} > 1$ 时，表示 c 城市 j 行业的中间投入共享在全国处于优势地位，当 $inputshare_{cj} < 1$ 时，表示 c 城市 j 行业的中间投入共享在全国处于劣势地位。

在以 Romer（1986）、Romer（1990）、Jaffe（1986）的研究成果为代表的经典知识生产函数中，企业将新的知识作为创新活动的投入。企业的新知识既能促进本企业生产出具有竞争力的产品，又能溢出到其他行业并且促进创新，而这些新的知识又被投入创新活动中，从而源源不断地促进新的创新产生，使得创新收益递增。借鉴 Matthiessen et al.（1999）和吕拉昌（2018）知识专业化的构建方法，本书使用行业创新指数（寇宗来，2017）构建知识溢出指标。创新指数是根据发明专利的价值构建的一个综合指标，既可以反映出行业的创新能力，也可以反映行业的知识存量，地区行业创新指数越大表示知识溢出能力越强。计算方法如式（5.8）所示，其中 S_{cj} 表示 c 地区 j 行业的创新指数，$know\_spillover_{cj}$ 表示 c 地区 j 行业的知识溢出效应。

针对上述测算的三个作用机制变量，本书以专业化劳动力池、行业内中间投入共享和行业内的知识溢出效应分别对创新进行回归分析，控制变量选择和具体的处理方法与基准模型基本一致。由于本书使用的创新指数数据最早从 2001 年开始，加上多样化作用机制检验使用的投入产出表也有年份限制，因此本部分时间年份均调整到 2001—2009 年。另外考虑到集聚外部性溢出也具有滞后效应，因此回归中仅使用当期数据，均不再滞后。回归结果见表 5.13。

回归发现仅有行业内中间投入共享对城市创新产生显著影响，行业内知识溢出、专业化劳动力池对城市创新均不显著，说明假说二成立。基于中国的情境考量，由于行业内劳动力质量本身不高，再加上户籍制度的约束，以及家族式企业对外来劳动力的"排斥效应"，劳动力跨区流动受限，因此行业内劳动力效应并不显著。中小企业占据企业中的大多数，但是呈现显著的"长不大"特征，再加上多为劳动密集型行业，因此知识溢出效应也难以发挥作用。由于本书样本集中在城市层次，而早期研究（陶锋等，2018）以省份为单位，样本空间尺度较大，因此导致结论不同。但是专业化集聚带来的投入共享效应，使得企业集群一方面建立起分工网络节约中间投入成本，另一方面产业内部建立起协同创新系统，使得企业风险共摊，降低了研发风险，促进了创新增量。

表 5.13　专业化集聚作用机制分析

	科研创新				产品创新	
	（1）	（2）	（3）	（4）	（5）	（6）
inputshare	0.012 ** (2.54)			0.017 *** (2.63)	0.038 *** (3.41)	0.033 *** (3.02)
know_spillover		−0.000 （−0.02）		0.001 （0.18）	0.004 （0.74）	0.003 （0.27）

（续上表）

	科研创新				产品创新	
	（1）	（2）	（3）	（4）	（5）	（6）
labor pool			0.002 （0.67）	−0.004 （−1.01）	0.006 （0.46）	0.086 （0.57）
hc	−0.015 （−0.19）	−0.028 （−0.36）	−0.026 （−0.34）	−0.045 （−0.55）		0.005 （0.87）
market	−0.006 （−0.47）	−0.006 （−0.48）	−0.005 （−0.46）	−0.008 （−0.63）		0.019 （0.98）
traffic	0.002** （2.37）	0.002** （2.44）	0.002** （2.44）	0.003*** （2.62）		−0.000 （−0.04）
scale	0.024 （0.81）	0.021 （0.71）	0.024 （0.79）	0.041 （1.26）		−0.016 （−0.18）
wages	0.004 （0.32）	0.004 （0.32）	0.004 （0.33）	0.007 （0.55）		−0.091*** （−4.33）
exp	0.080*** （3.13）	0.080*** （3.13）	0.080*** （3.13）	0.077*** （2.81）		0.606*** （19.16）
state	−0.041*** （−5.08）	−0.041*** （−5.12）	−0.041*** （−5.11）	−0.041*** （−5.04）		−0.006 （−0.21）
age	0.000 （0.10）	0.000 （0.14）	0.000 （0.12）	0.000 （0.15）		0.000 （0.02）
subsidy	1.309** （2.54）	1.314** （2.55）	1.312** （2.54）	1.426*** （2.70）		1.642** （2.21）
lnzc	0.128*** （14.37）	0.128*** （14.40）	0.128*** （14.39）	0.132*** （13.64）		0.459*** （31.73）
常数项	−0.686** （−2.12）	−0.655** （−2.01）	−0.674** （−2.07）	−0.929** （−2.37）	−0.313 （−1.64）	−4.893*** （−6.96）
Year	Yes	Yes	Yes	Yes	Yes	Yes
Province	Yes	Yes	Yes	Yes	Yes	Yes
Ind	Yes	Yes	Yes	Yes	Yes	Yes
N	86 532	86 530	86 532	86 530	112 283	110 987
R^2	0.079	0.079	0.079	0.081	0.079	0.125

5.4.2 多样化作用机制分析

5.4.2.1 行业间劳动力共享

目前有一些文献将产业的职业分类特征作为劳动力池的衡量指标（Jofre-Monseny et al.，2011；张萃，2018；陈怀锦、周孝，2019），但正如Kolko和Neumark（2010）所指出的那样，职业分类并不能全面反映出劳动力的技术水平或者专业化水平，在衡量劳动力池时加入的劳动力特征是一个有益的指标。我国目前为止尚未公布两位码行业—职业数据，当前文献多使用一位码行业—职业数据反映行业间劳动力池效应，但是创新多集中在制造业行业，出于技术相似性的原因，与其他行业发生劳动力流动的可能性并不大。因此本书尝试使用制造业两位码行业劳动力特征数据构建行业间劳动力共享指标，数据来源于第六次人口普查。通过测算每个制造业行业不同年龄段（16~19岁、20~24岁、25~29岁、30~34岁、35~39岁、40~44岁、50~54岁、55~59岁、60~64岁、65~69岁、70~74岁、75岁及以上）的女性就业比例，每个行业不同教育背景（文盲、小学、初中、高中、专科、本科、研究生）的就业比重，每个行业不同周工作时间段（1~8小时、9~19小时、20~34小时、35小时、36~39小时、40小时、41~47小时、48小时、48小时以上）的工作人数比重，以此计算出i行业和j行业的劳动力相似系数，具体计算过程如下：

$$laborsimilar_{ij} = \sum_{\delta=1}^{m} \left(\frac{character\_share_{i\delta}}{character\_share_{j\delta}} \right) \tag{5.9}$$

其中$character\_share_{i\delta}$代表$i$行业$\delta$特征占比，$character\_share_{j\delta}$代表$j$行业$\delta$特征占比，$laborsimilar_{ij}$指标衡量行业$i$的劳动力与行业$j$劳动力的相似度，该指标越接近1，表明行业之间相似性越高，从而更容易发生行业间劳动力的转移。反之，说明两个行业之间差异较大。参考张萃（2018）的计算方法，在此基础上，对每一个行业i，计算出所用行业劳动力对其相似性之和，并以i行业和j行业的劳动力相似系数$laborsimilar_{ij}$除之，计算得出i行业和j行业的劳动力相似系数权重w_{ij}^{l}，如式（5.10）所示，其中，n代表制造业两位码行业个数。

$$w_{ij}^{l} = \frac{laborsimilar_{ij}}{\sum_{i=1}^{n} laborsimilar_{ij}} \qquad (5.10)$$

基于行业劳动力相似系数权重w_{ij}^{l}，可以构建c城市i行业使用其他行业劳动力的总人数，也即行业间劳动力共享指标。具体计算公式如下，其中L_{cj}为c城市j行业的就业人数。

$$laborshare_{ic} = \sum_{i \neq j} w_{ij}^{l} \cdot L_{cj} \qquad (5.11)$$

5.4.2.2　上下游行业关联

在进行行业间上下游机制分析中，最为常用的方法就是使用国家统计局公布的投入产出表数据进行分析，本书在借鉴 Jofre-Monseny et al.（2011）以及张萃（2018）研究的基础上，使用国家投入产出表数据构建行业i的投入和产出权重：

$$w_{ij}^{input} = \frac{input_{i \to j}}{totalinput_{i}}; \ w_{ij}^{output} = \frac{output_{i \to j}}{totaloutput_{i}} \qquad (5.12)$$

式中，w_{ij}^{input}是行业i从行业j购买的中间投入品占总投入的比重。与之对应的w_{ij}^{output}是行业i被行业j购买的产出值占总产出的比重。基于以上比重的分析，本书构建了上游关联指标和下游关联指标：

$$input_{ic} = \sum_{j} w_{ic}^{input} \cdot L_{ic}; \ output_{ij} = \sum_{j} w_{ij}^{output} \cdot L_{ij} \qquad (5.13)$$

其中，L_{ic}是城市c购买的行业i产出的其他行业就业人数。参照 Ellison et al.（2010）的研究，本书使用式（5.14）定义行业间上下游关联程度。为了保持结果完备性，结合本书研究的面板数据时间跨度，2001—2004 年的样本使用 2002 年的投入产出表数据，2005—2009 年的样本使用 2007 年的投入产出表数据。

$$inputoutput_{ic} = \max(input_{ic}; \ output_{ic}) \qquad (5.14)$$

5.4.2.3　行业间知识溢出

根据现有研究，行业间知识溢出程度取决于行业间的相似度（潘文卿等，2011；朱平芳等，2016），不考虑技术相似性，可能会造成行业间知识溢出存在较大偏差。借鉴潘文卿等（2011）的研究，本书使用反映其他行业部分产品消耗技术结构的投入产出表直接消耗系数，构建了每个行业的技术相似指数：

$$techsimilar_{ij} = \frac{A_{ik}}{\sum_{i=1}^{n} A_{ik}} \qquad (5.15)$$

式中，A_{ik} 表示行业 i 和对应行业 k 的直接消耗系数结构列向量的第 k 个位置的元素。该元素可根据直接消耗系数定义进行测算：使用 i 行业对应 k 行业的投入产出值除以总产出得出，指标取值范围为 $0 \sim 1$。

在此基础上，对技术相似指数在两位码行业上求和得到 $\sum_{i=1}^{n} techsimilar_{ij}$，再基于此得到每个行业的技术相似权重，如式（5.16）所示。基于这一权重，我们得到行业间知识溢出指标，如式（5.17）所示。

$$W_{ij}^{tech} = \frac{techsimilar_{ij}}{\sum_{i=1}^{n} techsimilar_{ij}} \qquad (5.16)$$

$$techspillover_{ij} = \sum_{j} w_{ij}^{l} \cdot employees_{ij} \qquad (5.17)$$

为验证假说四是否成立，我们对三种作用机制分别进行回归分析，结果如表5.14所示。从多样化影响机制来看，上下游投入共享是促进城市创新的真正原因。一方面是受益于"成本关联效应"，上下游企业成本大幅降低，从而可以将更多精力和资金投入研发部门；另一方面下游行业更能了解市场对新产品的需求，把握企业创新的方向，提高整个研发链条的科技成果转化成功率；再则，上下游企业之间的业务串联，可以打造更高效的业务模式，以及更高效的研发设计、信息服务模式，带动企业间协同创新能力。

对于科研创新来说，知识溢出虽显著为正，但并不是特别稳定，说明我国产业之间仍需加强合作。Bloom et al.（2013）认为知识溢出是否会发生或者发生多少很大程度上取决于产业之间的技术相似程度。知识溢出多发生在高科技产业之间（Ellison et al.，2010），这些可能是导致科研创新知识溢出不稳定的原因。但对于产品创新来说，产业间知识溢出显著为正，产品的设计研发离不开互补行业之间的交流合作，多元化是专利产出得以经济转化的行业基础。

产业间劳动力共享显著为负，成为抑制创新的影响因素。这样的结果无疑与我国劳动力二元市场有较大关联。首要劳动力市场"吸引力""排斥力"较大，造成次要劳动力市场难以吸引高质量人才，部门之间劳动力流动管道尚未疏通。再加上所有制分割，国有企业劳动力"只进不出"，与非国有企业之间劳动力流动不畅，不仅难以形成劳动力池效应，甚至严重阻碍了企业创新。

表 5.14　多样化集聚作用机制分析

	科研创新				产品创新	
	(1)	(2)	(3)	(4)	(5)	(6)
inputoutput	0.004 ** (2.53)			0.003 ** (2.20)	0.012 ** (2.02)	0.011 ** (2.02)
tech_spillover		0.003 (0.51)		0.023 ** (2.50)	0.027 * (1.75)	0.027 * (1.85)
laborshare			−0.009 (−1.14)	−0.039 *** (−3.32)	−0.075 *** (−2.85)	−0.091 *** (−3.52)
hc	0.004 (0.05)	−0.019 (−0.24)	−0.084 (−1.01)	−0.036 (−0.47)		0.015 (0.10)
market	−0.009 (−0.74)	−0.007 (−0.56)	−0.004 (−0.33)	−0.003 (−0.24)		0.019 (0.97)
traffic	0.002 ** (2.05)	0.002 ** (2.30)	0.003 *** (3.04)	0.003 *** (2.81)		0.001 (0.58)
scale	0.005 (0.16)	0.017 (0.56)	0.056 * (1.71)	0.035 (1.11)		−0.004 (−0.05)
wages	0.003 (0.28)	0.003 (0.30)	0.007 (0.62)	0.004 (0.34)		−0.091 *** (−4.31)
exp	0.079 *** (3.10)	0.080 *** (3.12)	0.077 *** (2.82)	0.079 *** (3.09)		0.605 *** (19.14)
state	−0.040 *** (−5.01)	−0.041 *** (−5.11)	−0.042 *** (−5.10)	−0.041 *** (−5.07)		−0.002 (−0.09)

（续上表）

	科研创新				产品创新	
	（1）	（2）	（3）	（4）	（5）	（6）
age	0.000 （0.08）	0.000 （0.12）	0.000 （0.19）	0.000 （0.15）		0.000 （0.05）
subsidy	1.311 ** （2.54）	1.317 ** （2.55）	1.419 *** （2.69）	1.292 ** （2.50）		1.597 ** （2.15）
lnzc	0.129 *** （14.42）	0.128 *** （14.40）	0.132 *** （13.58）	0.128 *** （14.36）		0.461 *** （31.80）
常数项	−0.544 * （−1.67）	−0.627 * （−1.95）	−1.005 *** （−2.62）	−0.695 ** （−2.15）	−0.096 （−0.49）	−4.765 *** （−6.75）
Year	Yes	Yes	Yes	Yes	Yes	Yes
Province	Yes	Yes	Yes	Yes	Yes	Yes
Ind	Yes	Yes	Yes	Yes	Yes	Yes
N	86 532	86 532	86 532	86 532	112 311	111 007
R^2	0.079	0.079	0.081	0.079	0.079	0.125

5.5 本章小结

　　不同类型的产业集聚导致城市创新能力之间的差异，究竟是专业化外部性促进城市创新还是多样化经济促进创新？对不同阶段创新作用是否一样？具体作用渠道又如何？本章基于 1998—2009 年《中国工业企业数据库》与中国企业专利数据的匹配数据，通过构建两位码行业专业化外部性指标与多样化外部性指标，结合理论，实证分析集聚外部性作用于创新的具体机制，得到如下结论：

　　（1）专业化外部性与多样化外部性对于企业创新均具有促进作用，但也形成了以多样化集聚为主导的局势，这在科研创新阶段和产品创新阶段都得到了有力的证明。

　　（2）集聚外部性对企业创新的作用受到城市异质性的影响，表现为东部城市和大城市企业创新更受益于专业化集聚和多样化集聚，中西部城市和小城市企业创新无法从集聚外部性中受益。门槛回归分析结果显示，专业化集聚和多样化集聚均存在促进企业创新的最优区间，而大部分小城市"逃离"了最优区间，是导致无法受益的原因。

（3）从行业异质性来看，在科研创新阶段，高技术行业和中低技术行业均受益于集聚外部性，并无太大差别；在产品创新阶段，中低技术行业仅受益于多样化外部性，专业化集聚与多样化集聚对中低技术行业创新均不再有促进作用。

（4）从企业异质性来看，国有企业在科研创新阶段和产品创新阶段均不再受益于集聚外部性；非国有企业在科研创新阶段既受多样化集聚促进作用也受专业化集聚促进作用，但在产品创新阶段仅受益于多样化外部性；中小企业比大企业更受益于集聚外部性，大企业仅有发明专利受到专业化外部性的促进作用，从侧面也说明了大企业更追求创新的"质"，而中小企业更追求创新的"量"。

（5）进一步作用机制表明，产业内投入共享是专业化外部性作用于创新的重要原因；产业间上下游关联和知识溢出是多样化外部性作用于创新的重要途径，但部门间劳动力池效应却成为企业创新的阻碍因素。

第⑥章 城市蔓延、多中心与城市创新
——空间结构视角

第 3 章经济集聚的事实特征显示，不仅产业集聚模式影响城市创新，城市空间上的集聚特征对创新也存在着影响。随着大规模产业集群的出现，中国的经济正在变得更加趋向知识密集型。城市产业集群提供的 Marshall（1890）所描述的劳动力池、上下游关联、知识溢出效应，更加吸引创新创业企业共址，以便从更大的市场获取更加便利的交通设施、经济多样性和高质量的城市环境。然而，过度的集聚也会带来诸如环境污染、交通拥堵和高昂的房价等负外部性影响。城市经济学认为从单中心向多中心的转变，是解决经济不集聚的重要机制之一（Anas et al.，1998；Clark，2000）。中国、欧洲乃至全世界的城市规划者越来越多地将多中心发展模式视为促进经济效益和经济增长的可持续的空间规划战略（Meijers & Burger，2010），并得到了当前诸多文献从理论与实证方面的支持，认为多中心集聚在促进生产率、经济增长、价值链提升方面更有优势（Glaeser & Khan，2004；Meijers & Burger，2010；Lee & Gordon，2011；魏守华等，2016；刘修岩等，2017a；孙斌栋、丁嵩，2017；陈旭等，2019）。但在城市扩张的过程中，也不可避免地面临着城市蔓延——一种低密度的连续的空间开发形态。越来越多的文献将城市蔓延与"蛙跳式"蔓延（多中心结构）进行了区分（Cullen & Levitt，1999；刘修岩，2017b；魏守华等，2016；秦蒙，2018），但究竟哪种空间集聚形态更能促进经济增长，成为一种可持续发展的模式，近年来的研究也并未得出一致的答案。

创新经济地理学、创业集群以及最近出现的"工业区"概念都强调了创新地理特征的作用，其共同主旨是提供优良的城市环境，吸引创新创业企业，并为创意阶层提供优质的工作和生活环境（Morisson，2015）。另外一些研究基于城市经济学的基本理论，则指出了区位空间异质性对创新的影响，城市

多样化的混合开发更能孕育创新的产生（Katz & Wagner，2014），便捷的环境对非正式互动、知识交流和创新溢出至关重要（Coll-Marti'nez & Arauzo-Carod，2017；Silver，2012）。尽管城市空间结构对创新很重要，但是当前文献也只是援引 Marshall 外部性抑或 Jacob 多样性模糊带过，或者基于就业密度或城市规模单一标准进行分析（Carlino et al.，2007；郭洁等，2015），主题文献相当匮乏。与本书主旨最为接近的文献为，Lee & Gordon（2011）通过对美国 79 个大都市区进行分析，认为熊彼特式创造性破坏具有空间结构方面的特征，创新更加青睐于多中心大城市；而 Hamidi & Zandiatashbar（2019）通过对美国 221 个城市的紧凑度和蔓延指数进行考察，则认为紧凑型的城市与创新企业数量呈正相关关系，城市蔓延由于空间的无秩序不利于人才的吸收和知识溢出。针对中国一边出现的越来越多的多层级多功能大都市区（代明等，2014；Li，2020），一边普遍存在的城市蔓延现象（王家庭、张俊韬，2010；陈旭等，2019），在当前"集约化"发展与"创新型"城市的议题下，哪种空间模式更能促进创新？哪种空间结构更符合可持续发展战略？本章将城市蔓延与多中心集聚结合，并从空间结构的多个测量维度进行实证分析，以回答上述问题。

6.1　理论分析与研究假说

6.1.1　城市蔓延对创新的影响

6.1.1.1　蔓延的空间形态较差的可达性造成集聚外部性的稀释效应

不管是新经济地理学还是创新经济学，得出的一致结论是可达性和空间接近性是衡量城市创新的一个重要的且很明显的指标（Hamidi & Zandiatashbar，2019）。产业、商业服务和支柱机构的接近是创新型企业不可或缺的因素，或者说，"可达性"是创新的驱动力（Sternberg & Arndt，2001）。这种作用一方面表现为可访问性，通过增加互动、协作和知识溢出为实体企业提供联网机会和合作机会（Credit，2018）。另一方面通过交通上的便利性加强社会资本，增进了人与人之间的联系机会（Nguyen，2010）。但是城市蔓延在诸多文献中被描述为可达性差的地区（Lee & Gordon，2007；Fallah et al.，2011；魏守华等，2016；秦蒙等，2019），导致空间集聚的技术外部性受到损失，造成集聚经济效应的稀释。具体而言，通过以下两个方面阻碍创新发展：

①通勤上的距离性。蔓延一方面表现为城市边缘开发区和产业园区的低密度建设，另一方面表现为住宅区往外扩延的形态，由于低密度不连续的特点，扩大了城市半径，增加了居民的通勤距离。虽然随着交通工具与交通体系的改善，可以缩减通勤的经济成本与时间成本（O'Sullivan，2007），但是具有创意和受过教育的阶层更喜欢在较短距离内到达零售、文化和教育机构（Hamidi & Zandiatashbar，2019）。对于受过大学教育的高素质人才来说，便利性也是他们选择居住和工作地时不得不考虑的因素。对于高科技公司和创新型企业来说，他们也更愿意追随高科技人才的脚步，更倾向共址于交通便利、可达性较好的城区。这反过来又会促进地区的繁荣和技术上的创新，成为吸引人才的驱动力。而城市蔓延，由于杂乱无章的开发，以及混合开发用途的不明确，似乎很难具备这种双向驱动的"向心力"。②信息上的距离性。信息技术的发展正是城市蔓延的重要原因（O'Sullivan，2007），电子邮件和移动通信的发展，降低了人们面对面交流的需求（Glaeser & Kahn，2004）。但是"知识地理黏性"的存在，使得知识的传播随着距离的衰减而衰减，相应成本却显著增加（Von Hippel，1994）。通信技术的发展也无法替代"面对面交流"，尤其是隐性知识的获取和传播。一些行业和生产流程，仍然需要技术培训、"干中学"参与其中，新知识、新思想的碰撞也需要经由"面对面"获取。城市蔓延的不那么密集的性质可能会使进行知识流动和相互作用的机会变得更少。

由此得到假说一：蔓延的空间形态，不利于吸引创新创业企业集聚，造成集聚外部性的稀释效应，抑制了企业创新。

6.1.1.2 蔓延的空间形态"挤出"创新

蔓延的空间形态表现为城市以同心圆"摊大饼式"地往外围扩张，这种扩张模式带来的不是"产业的城市化"和"人口的城市化"，而是"土地的城市化"（秦蒙、刘修岩，2015）。在以土地财政为导向的土地资源分配下，造成工业用地与商住用地不仅在配置上不成比例，价格上也不成比例，蔓延的城市使这种现象可能更为严重，可能通过以下两个方面引发对创新资源的挤占效应：①低端产业对高端产业的挤占效应。工业用地市场化程度较低，很多中小城市为了招商引资，吸引企业入驻，大搞工业园区、开发区、新城建设，不惜以低价出让或者协议出让的方式提供工业用地。这种"以土地换业绩"的盲目开发方式，不仅造成企业入驻工业园区门槛降低，也降低了集聚企业质量，致使大量生产效率落后、产能落后、创新性不高的企业集聚，造成城市低端产业链属性（毛文峰、陆军，2020）。从而也抑制了技术密集型和资本密集型产业等高端制造业的发展空间，不利于产业集聚的形成，使得产业空间分散化更为严重，人才流动和知识溢出效应难以发挥（孟美侠等，2019）。②房地产市场对制造业创新资金的挤出效应。城市的扩张简单地表现为高楼林立、土地进城，却忽视了背后的产业布局和空间布局。房地产的蓬勃发展是在城市蔓延中普遍存在的现象（王家庭、谢郁，2016），而且会进一步推动城市蔓延，引起商服用房价格上涨。而普遍的房价上涨会对投资效率造成弱化效应（Chen et al.，2016）。表现为一方面商服用地受到压缩，导致房地产市场价格水涨船高，相对于实体经济而言，投资于房地产回报率更高，投资回报率决定了企业资金的流向，企业更愿意将资金投入房地产，而对周期长、风险高的创新业务产生抑制作用（余泳泽、张少辉，2017）。另一方面，在房地产高利润的驱使下，信贷资金也更愿意投向房地产等有关行业，从而挤压对制造业的创新投入。

由以上分析，本书得到假说二：不合理的资源配置造成研发资金的挤出效应，对高科技产业的"驱逐"造成产业结构升级抑制效应，城市蔓延通过以上两种"中介效应"抑制企业创新。

6.1.2 多中心集聚对城市创新的影响

6.1.2.1 多中心结构有助于社会资本和人力资本的吸收，进而促进企业创新

多中心空间集聚作为解决单中心结构不经济的一个重要机制，备受政策制定者青睐（Meijers & Burger，2010）。次中心的存在可以避免中心位置的拥堵成本，缓解就业压力，同时依然享受集聚优势，在整个城市都享有集聚效应的情况下，分散中心将比地理集中更具有优势。制造业次中心往往涵盖各类开发区建设，不仅基础设施良好，而且在政企服务、创新产业服务方面也具有优势，更享有各类补贴税收优惠以及创新创业激励，对于创新创业企业具有强大的吸引力。另外多中心的大都市区革新换代较快（Duranton，2007），汇聚了更多优质资源，这些也都为创新提供了有利条件。多中心的空间结构对城市生产率以及经济增长都具有积极的影响作用（Meijers & Burger，2010；魏守华等，2016；刘修岩等，2017a），优质的场地建造和混合用途发展还可以最大限度地促进社会和文化交流，这反过来又会吸引创意人才，从而增加交流合作机会和知识溢出效应，带来更强大的社会资本（Leyden，2003）。因

此，优良的空间结构可以获取更加优质的人力资本和社会资本，这两者都会影响企业的创新能力（Zheng，2010）。

6.1.2.2 完善的城市功能分化效应更能助力企业创新行为

多中心城市的日益发展，已经不满足于生产制造业专业化分工，而是转向专业化功能分工。城市功能要素在更大的空间范围实现了集聚与扩散，是解决城市交通拥堵、能源消耗低效，促进城市活力的重要手段，成为城市空间发展的重要趋势（浩飞龙等，2019）。例如，北京不仅形成了以东城西城为首的政治文化功能核心区（《首都功能核心区控制性详细规划（街区层面）（2018年—2035年）》）、朝阳商务核心区，还在外围形成了顺义、大兴、亦庄制造业集聚区，石景山创意园区，昌平大学城功能区。功能性多中心的城市之间互动是多元的，每个城区行业或者企业之间的联动都不必然相同（孙斌栋、丁嵩，2017）。城市功能分工对创新的驱动是不言而喻的。波士顿之所以能成为创新型大都市区，主要归功于拥有坎布里奇这座著名的大学城功能区，拥有哈佛和麻省理工担当创新心脏角色（屠启宇、邓智团，2011）。来自城市群分工功能的文献显示，城市群空间功能分化，有利于中心城区和外围地区形成差异化的集聚外部性，企业可以从多样化集聚中获取多种类的中间品和多元化的知识溢出，推动知识的交叉融合，激发企业创新活力（刘胜等，2019）。"借用规模"思想作为集聚经济收益的一种替代（刘修岩等，2017a），促进中心城市和外围城市之间功能互补、协同互助，进而推动要素资源共享以及知识扩散，当然，这种效应在城市内部也同样适用。

6.1.2.3 生产性服务业的集聚效应与助力作用有利于企业创新

生产性服务业往往集聚于城市的中心区域，而制造业则集聚在城市的次中心位置（Alonso-Vallar & Chamorro-Rivas，2001；Yuan et al.，2017）。生产性服务业与制造业的协调发展已经成为不少城市在产业布局与空间布局上的重要措施（张虎等，2017）。与单中心城市相比，生产性服务业通过以下方面助力城市创新：①协同集聚效应。生产性服务业作为制造业的上游，往往伴随集聚在制造业集聚的地方，制造业是生产性服务业得以发展的基础，生产性服务业是制造业得以提高的前提，生产性服务业天然具有集聚优势。两者的协同集聚其中一个作用就是使得 Marshall 外部性得到充分展示（Ellison et al.，2010）。制造业与生产性服务业的协同定位，能够形成一个厚的劳动力市场，增加劳动力流动与创新人才的匹配度，如 Wolfe 和 Gertler（2004）发现电子制造业与研发服务业之间存在着人才流动，这种高技能人才的流动无疑对创新是有益的；生产性服务业作为制造业的上游行业，二者之间有着较强的产业关联，有利于降低创新成本，促进创新产出（纪祥裕、顾乃华，2020）；两产业间的交流互动，加速了行业间的知识溢出和新思想的传播，使得城市创新变成可能。②协同创新效应。生产性服务业可以为创新企业提供良好的服务环境，帮助企业配置优化创新资源（纪祥裕、顾乃华，2020）。完善的生产性服务业体系能够帮助企业获取创新投资资源，也可以缓解创新风险（比如金融业提供的融资、贷款等业务）。一些以科技成果孵化和研发创新为主的高技术生产性服务业由于掌握了丰富的技术和信息，成为制造业创新的重要战略合作伙伴（Zhang，2016），形成高效的地域生产网络（魏守华等，2016），促进科技成果转化。③助力城市功能分化。城市空间功能效应的实现离不开生产性服务业的集聚，服务业的集聚有助于以城市功能为导向的现代化城市的实现（洪银兴，2003）。生产性服务业与制造业协同存在，前者主要承担研发设计、市场营销、物流服务、总部管理等功能，与制造业形成协同互补的产业体系，是城市功能分化的重要组成部分，也是企业创新不可缺少的环节之一。

6.1.2.4　制造业产业多样化集聚效应促进企业创新

多中心的空间结构由于优良的基础设施、便利的交通、完善的城市功能分化，成为吸引人才的摇篮，创新创业企业以及高科技企业追随创意人才的脚步，也会偏向大都市区位，从而吸引更多元化的产业前来共址，多样化集聚效应在这里也得到加强。通过与其他行业的互动，单个企业可以扩大经济范围，由于异质性企业之间较低的竞争关系，使得知识溢出效应和技术交流合作更加频繁（刘胜等，2019）。中大城市往往不仅有多个次中心，每个次中心又形成不同的产业集聚区，例如，广州增城产业园区、番禺产业园区，从零部件加工制造到汽车制造，形成较强的产业关联效应，有助于中间产品共享和技术溢出。产业的多样化对应人才的多样化，尤其在科技人才、研发人员、管理人员方面优势更为明显，多中心的城市犹如一个大的劳动力池，具有更大的人才吞吐量以及人才流动量。高技术人才匹配度也是衡量创新能力的重要标准（Fang，2020），企业很难拥有各式人才，但是在产业多样化集聚的空间结构下，则更容易达到创新所需要的人才条件。

基于以上分析，本书得到假说三和假说四：

假说三：多中心空间结构更能吸引创新资源集聚，进而提高城市创新能力。

假说四：多中心结构更容易诱发生产性服务业集聚以及制造业行业的集聚，进而通过产业交互效应以及多样化外部性促进企业创新。

假说一、假说二、假说三、假说四整体的逻辑关系可概括如图 6.1 所示（本书并不涵盖城市创新对空间结构演化的作用关系，为图形美观仅以虚线表示）。空间结构借助集聚效应作用于城市创新，也说明空间结构正是经济集聚在空间形态上的反映。

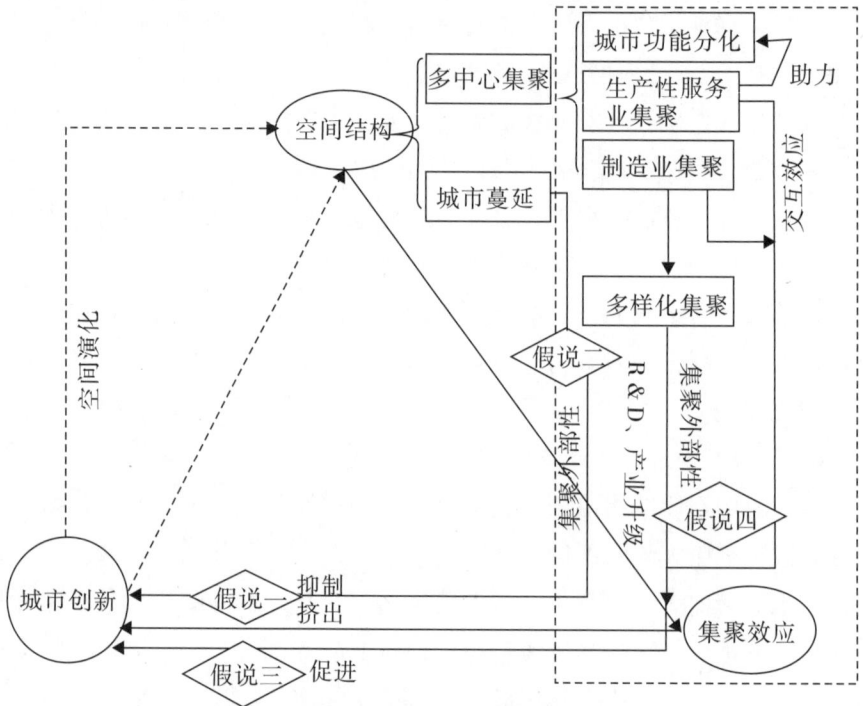

图 6.1　空间结构与城市创新的逻辑关系

6.2　模型设定与指标说明

Hamidi 和 Zandiatashbar（2019）提到创新友好的空间环境对创新创业公司具有强大的吸引力，建筑环境的影响可以延伸到专利产出上，本书的研究可以作为其中的一个延续。参考 Lee 和 Gordon（2011）的研究以及 Carlino et al.（2007）有关就业密度与专利产出的模型，本书的计量模型设定如下：

$$\ln inno_{nict} = \beta_0 + \beta_1 city\_sprawl_{ct} + \beta_2 city\_center_{ct} + \beta_c city\_control_{ct} +$$
$$\beta_n enterprise_{nt} + \lambda_{province} + \lambda_{ind} + \lambda_{year} + \varepsilon_{nt} \tag{6.1}$$

其中 n 代表企业，c 代表城市，i 代表行业，t 代表时间，$\ln inno_{nict}$ 代表 c 城市 i 行业 t 年份 n 企业的创新产出，本部分依然用专利申请量的对数来衡量。$city\_sprawl_{ct}$ 代表 n 企业所属 c 城市 t 年份的城市蔓延变量，用城市蔓延指数（$sprawl$）和就业密度指数（$density$）衡量。$city\_center_{ct}$ 代表 n 企业所属 c 城市 t 年份的多中心结构变量，用多中心指数（M_center）、城市功能指数（$function$）、生产性服务业集中度（$service$）衡量。$city\_control_{ct}$ 为 c 城市的控制变量，$enterprise_{nt}$ 为 n 企业的特征变量，为控制行业、省份、时间的影响，本书加入了对应的虚拟变量。

6.2.1　变量选择与指标测量

6.2.1.1　被解释变量的选择（$\ln inno_{nict}$）

本书从微观企业创新活动出发考察城市创新差异，出于和第 4 章一样的原因，仍然选择企业专利申请量来表征创新。

6.2.1.2　城市蔓延变量的选择

正如 Lee 和 Gordon（2011）所说，单一平均人口密度或者就业密度不足以概括城市的空间形态，城市空间结构是多维的，因此，为综合考虑，本书使用就业密度指数与城市蔓延指数综合衡量城市蔓延程度。就业密度指数（$density$）以城市市辖区总就业人口与市辖区面积的比值反映。城市蔓延指数（$sprawl$）计算则较为复杂，计算方法参考式（3.4），详见 3.2.2 节。

6.2.1.3　多中心空间集聚指标的衡量

城市多中心与次中心的确定方法参考 3.2.3 节，多中心指数的测量方法参考式（3.5）。

6.2.1.4　城市功能分化指标（$function$）

参考赵勇和白永秀（2012）、刘胜等（2019）测量城市群功能分化的计算方法，以中心区域"生产性服务业就业人员/制造业就业人员"与次中心"生产性服务业就业人员/制造业就业人员"之比来反映城市功能分化程度。指标设定如下：

$$function_{ct} = \frac{\sum_{f=1}^{F} \dfrac{L_{f,service}}{L_{f,ind}}}{\sum_{s=1}^{S} \dfrac{L_{s,service}}{L_{s,ind}}} \tag{6.2}$$

其中 $function_{ct}$ 代表 c 城市 t 时期的城市功能，$L_{f,service}$ 代表中心区域的生产性服务业的就业人数，$L_{f,ind}$代表中心区域的制造业就业人员数，$L_{s,service}$代表次中心的生产性服务业的就业人员数，$L_{s,ind}$代表次中心的制造业就业人员数。由于当前获取各年份分县细分行业数据较为困难，考虑到城市功能分化是一个长期的过程，本书将其当作常量处理。首先基于《2000年人口普查分县数据》和《2010年人口普查分县数据》中的行业就业数据，分别计算2000年城市功能分化程度和2010年城市功能分化程度，然后取均值进行替代。

6.2.1.5 生产性服务业集中度（service）

由于获取城市各辖区生产性服务业数据较为困难，本书以城市市辖区生产性服务业就业人数占总就业人数比值进行替代，数据来源于《中国城市统计年鉴》。参考刘奕等（2017）的做法，结合本书的创新主题，我们界定的生产性服务业主要包括以下5个行业：交通运输仓储邮政业，信息传输、计算机服务和软件业，金融业，租赁和商务服务业，科学研究、技术服务和地质勘探业。以上指标测算中生产性服务业行业范围同理。

6.2.1.6 控制变量的选择

参考魏守华等（2016）、刘修岩等（2017a）等人的研究，本书选取以下城市层面控制变量：①市场化进程指数（market）；②政府干预变量（policy），以政府财政支出与GDP比值衡量；③经济开放程度（fdi），以外商直接投资与GDP比值衡量；④政府科技支持（science），以政府科技支出占财政支出比重衡量；⑤城市房价水平（lnhouse），以房屋销售价格取对数衡量，高昂的房价所产生的资产泡沫对创新投入具有一定的挤出作用，从而抑制创新（余泳泽、张少辉，2017）；⑥省会城市和沿海城市虚拟变量（sea）。企业层面的控制变量选择与第5章5.2.2节指标选择基本保持一致，简述如下：①企业规模（size），由企业就业人数的对数生成；②企业对外开放程度（exp），用企业出口与销售产值的比值衡量；③产权属性（state），国企为1，非国企为0；④企业年龄（age），使用企业成立年份与样本年份间隔来表示；⑤政府补贴（subsidy），以公司所获补贴收入与总资产的比值来衡量。数据来源与第5章相同。

由于多中心指数的测量从2003年开始，企业专利数据统计到2009年，因此本部分时间跨度调整为2003—2009年，共74 156个企业样本。各变量设置和含义、统计情况如表6.1所示：

表 6.1　各变量描述性统计

	变量符号	含义	标准差	最小值	中位数	最大值
被解释变量	lninno	企业申请专利加 1 取对数	0.872	0.693	1.099	8.762
多中心变量	M_center	多中心指数	0.266	0	0.724	0.929
	function	城市功能分化指标	1.550	0	2.370	9.669
	service	服务业集中指标	0.068	0.039	0.165	1.599
蔓延变量	sprawl	城市蔓延指数	0.088	0.001	0.117	0.700
	density	就业密度	0.026	0.013	0.030	0.178
城市变量	market	市场化进程指数	0.692	0	0.765	7.858
	policy	政府干预变量	0.154	0.033	0.178	3.068
	fdi	经济开放程度	0.177	0	0.447	2.148
	science	政府科技支持	0.019	0	0.015	0.079
	lnhouse	城市房价水平	0.611	6.176	8.393	9.590
	sea	省会城市和沿海城市虚拟变量	0.463	0	1	1
企业变量	size	企业规模	1.340	2.079	5.505	12.20
	exp	企业对外开放程度	1.330	0	0	311.79
	state	产权属性	0.252	0	0	1
	age	企业年龄	14.37	1	12	410
	subsidy	政府补贴	0.141	0	0	31.25

6.2.2　空间结构与创新关系分析

为更直观地观察空间结构与创新的关系，本节绘制了城市蔓延与企业专利申请总量的拟合图以及多中心指数与企业专利申请总量的拟合图，分别如图 6.2（a）和图 6.2（b）所示。从图 6.2（a）可看出，城市蔓延与企业创新确实存在负相关关系，城市蔓延程度越高，对创新抑制作用越大。由于包括了一些单中心城市，也即多中心指数为 0 的城市，因此，图 6.2（b）拟合图有较多没有明显变化趋势的 0 点，但仍然可以明显看到，多中心集聚与企业创新存在正相关关系，多中心集聚程度越高，越能促进创新。但城市蔓延、多中心集聚与企业创新具体关系如何，空间集聚模式如何影响城市创新，通过什么样的作用机制影响城市创新，仍需给予实证上的验证。

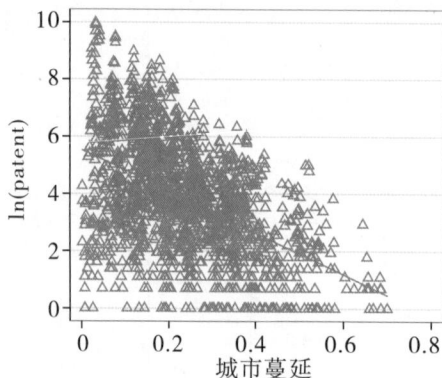

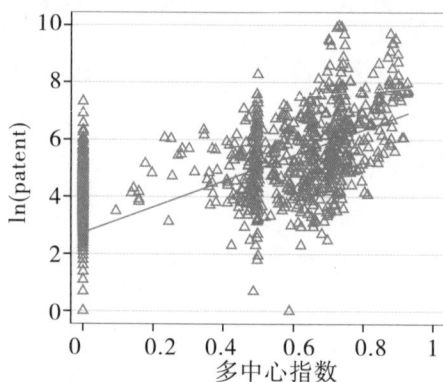

图 6.2（a）　城市蔓延与企业创新　　图 6.2（b）　多中心指数与企业创
　　　　　　　拟合图　　　　　　　　　　　　　　　　新拟合图

6.3　实证结果分析

6.3.1　基准回归

考虑到创新产出的滞后效应，本书将多中心指数与城市蔓延度均滞后一期，部分控制变量也滞后一期，城市功能指数由于没有时间变化趋势，不再滞后。同时为了避免异常值的影响，对数据进行了 1% 上下的缩尾处理。为选择合适的估计方法，本书先在混合 OLS 估计与随机效应之间做了 LM 检验，P 值显著为 0，显示支持随机效应。进而在固定效应和随机效应之间做了豪斯曼检验，结果显示 P 值为 0，显著支持固定效应，为进行对比分析，本书将部分 OLS 估计结果也一并呈现出来，回归结果如表 6.2 所示。其中模型（1）、（2）和（3）为多中心变量的回归结果，模型（4）和（5）为城市蔓延变量的回归结果，模型（6）和（7）为加入控制变量的综合回归结果。

首先从城市蔓延来看，蔓延指数显著为负，说明城市蔓延确实对创新产生了负面影响。城市快速扩张致使城市经济密度降低，可达性较差，在人才吸引方面与企业选址方面不具备吸引力，不利于集聚外部性的实现，阻碍了创新资源及经济要素的高效流动，从而对创新有一定损害作用。就业密度系数为负但不显著，说明并不存在 Carlino et al.（2007）、郭洁等（2015）所反映的"就业密度效应"，即就业密度高、专利产出高的效应。反而在一定程度上说明了我国当前蔓延导致的低密度现象，从而不利于城市创新。另外也反映出平均密度指标的弊端，无法反映出城市细分区域的就业情况，由此导致回归结果并未显著为负，但总体上验证了假说一。

其次从多中心指数来看，不管哪种估计方法结果均显著为正。说明多中心集聚确实对创新有正向的促进作用，这归功于多中心集聚的天然优势。近年来，我国各类科技园区、高新区、经济开发区的建设也正是城市多中心集聚的体现。城市功能指数只在回归（1）中显著为正，其他结果为正但是并不显著。这可能与前期变量的选择有关系，样本周期内只使用了 2000 年和 2010 年的均值数据，导致回归结果不稳定。生产性服务业集中度也不显著，这与预期不太相符，一方面可能在于在样本期内，生产性服务业集聚度还较低，没有形成集聚效应，对制造业还未起到较强的支撑作用；另外一方面可能在于单独对生产性服务业集聚效应进行回归，作用有限，未与制造业集聚形成协同交互效应（魏守华等，2016）。

表 6.2 全样本基准回归结果

	（1）	（2）	（3）	（4）	（5）	（6）	（7）
	OLS	FE	FE	FE	FE	OLS	FE
M_center_{t-1}	0.109***	0.232***	0.256***			0.212***	0.228***
	(3.30)	(2.91)	(3.14)			(5.91)	(2.62)
$function_t$	0.026***	0.012	0.009			0.011	0.008
	(4.00)	(0.95)	(0.67)			(1.50)	(0.60)
$service_{t-1}$	0.016	0.023	0.060			0.136	0.059
	(0.12)	(0.13)	(0.34)			(1.17)	(0.34)
$sprawl_{t-1}$				−0.850***	−0.894***	−0.288**	−0.561
				(−2.67)	(−2.77)	(−2.49)	(−1.58)
$density_{t-1}$				−1.426	−0.870	0.051	−0.595
				(−1.60)	(−0.94)	(0.13)	(−0.64)

（续上表）

	(1) OLS	(2) FE	(3) FE	(4) FE	(5) FE	(6) OLS	(7) FE
$market_{t-1}$			−0.008 (−0.39)		−0.013 (−0.67)	−0.023** (−2.36)	−0.009 (−0.46)
$policy_{t-1}$			0.199* (1.74)		0.175 (1.62)	−0.006 (−0.10)	0.222* (1.94)
fdi_{t-1}			0.260*** (2.88)		0.250*** (2.86)	−0.051 (−1.07)	0.250*** (2.77)
$science_{t-1}$			−0.382 (−0.43)		−0.236 (−0.26)	0.378 (0.49)	−0.216 (−0.23)
$lnhouse_{t-1}$			−0.028 (−0.51)		−0.044 (−0.81)	0.066** (2.30)	−0.014 (−0.25)
sea_t			−0.054 (−0.56)		−0.044 (−0.51)	−0.055*** (−3.00)	−0.059 (−0.62)
$size_t$			0.101*** (4.83)		0.101*** (4.93)	0.306*** (52.54)	0.101*** (4.83)
exp_{t-1}			−0.010 (−0.19)		0.005 (0.11)	−0.046** (−2.14)	−0.010 (−0.20)
$state_t$			−0.035 (−1.02)		−0.030 (−0.88)	−0.087*** (−3.74)	−0.035 (−1.02)
age_t			0.000 (0.33)		0.000 (0.31)	−0.004*** (−7.91)	0.000 (0.33)
$subsidy_{t-1}$			−0.341 (−1.45)		−0.325 (−1.38)	0.173 (0.61)	−0.343 (−1.46)
常数项	1.181*** (19.11)	2.352*** (4.79)	1.971*** (2.70)	2.682*** (5.80)	2.437*** (3.50)	−0.906*** (−3.69)	1.961*** (2.66)
Year	Yes	Yes	Yes	Yes	Yes	Yes	Yes
Province	Yes	Yes	Yes	Yes	Yes	Yes	Yes
Ind	Yes	Yes	Yes	Yes	Yes	Yes	Yes
N	27 028	27 028	26 995	28 445	28 411	26 988	26 988

（续上表）

	（1）	（2）	（3）	（4）	（5）	（6）	（7）
	OLS	FE	FE	FE	FE	OLS	FE
R^2	0.048	0.054	0.058	0.052	0.055	0.187	0.058

注：（1）括号内为 t 统计量；（2） * 、 * * 、 * * * 分别表示在 10% 、5% 和 1% 的水平上显著；（3）所有的标准误都经过行业或企业层面上聚类（cluster）调整。以下同。

在基准回归样本中，一部分为多中心城市，还有一部分为单中心城市，如果只对多中心城市进行回归分析，得到的结果会有差异吗？删除单中心城市样本之后的回归结果如表 6.3 所示。

首先观察蔓延变量的变化，城市蔓延指数只在回归（6）OLS 回归中显著。说明在多中心城市，城市蔓延的影响降低，对创新的抑制作用减弱。原因在于，多中心城市由于分散集聚的空间形态，其蔓延指数并不高，尤其是在沿海地区，城市空间结构良好，抵消了土地开发带来的负面影响。这反向说明，城市蔓延确实阻碍了单中心城市的创新活力。就业密度指数与基准回归结果保持一致，为负不显著。

然后对比多中心变量的变化。多中心指数依然显著为正，并且与表 6.2 全样本回归结果对比，回归系数有一定程度上的提高，进一步肯定了多中心结构对创新的正向作用。城市功能指数对比变化不大。值得一提的是生产性服务业集聚的变化，固定效应估计结果均显著为正，这肯定了生产性服务业集聚对创新的作用，尤其在多中心城市，生产性服务业对创新的支撑作用更为明显。由此，假说三得到验证。

表 6.3 多中心城市回归结果

	（1）	（2）	（3）	（4）	（5）	（6）	（7）
	OLS	FE	FE	FE	FE	OLS	FE
M_center_{t-1}	0.255 *** (4.21)	0.239 ** (2.52)	0.244 ** (2.54)			0.377 *** (6.05)	0.228 ** (2.28)
$function_t$	0.029 *** (4.14)	0.012 (0.92)	0.009 (0.65)			0.015 * (1.81)	0.009 (0.63)

（续上表）

	(1)	(2)	(3)	(4)	(5)	(6)	(7)
	OLS	FE	FE	FE	FE	OLS	FE
$service_{t-1}$	-0.197 (-1.20)	0.358* (1.67)	0.475** (2.20)			0.113 (0.72)	0.473** (2.18)
$sprawl_{t-1}$				-0.585 (-1.50)	-0.624 (-1.53)	-0.581*** (-3.80)	-0.351 (-0.81)
$density_{t-1}$				-1.023 (-1.02)	-0.242 (-0.23)	-0.122 (-0.24)	-0.193 (-0.18)
$market_{t-1}$			-0.017 (-0.73)		-0.023 (-1.02)	-0.027** (-2.31)	-0.017 (-0.72)
$policy_{t-1}$			0.047 (0.21)		-0.001 (-0.00)	0.202* (1.78)	0.064 (0.28)
fdi_{t-1}			0.365*** (2.93)		0.330*** (2.79)	-0.116* (-1.69)	0.361*** (2.89)
$science_{t-1}$			-0.910 (-0.92)		-1.027 (-1.02)	-0.035 (-0.04)	-0.862 (-0.84)
$lnhouse_{t-1}$			0.020 (0.29)		-0.013 (-0.21)	0.037 (1.06)	0.028 (0.41)
sea_t			-0.117 (-0.85)		-0.103 (-0.85)	-0.066*** (-3.11)	-0.120 (-0.87)
$size_{t-1}$			0.116*** (5.30)		0.110*** (5.13)	0.314*** (49.07)	0.116*** (5.30)
exp_{t-1}			-0.037 (-0.71)		-0.017 (-0.34)	-0.064*** (-2.82)	-0.038 (-0.73)
$state_t$			-0.030 (-0.80)		-0.029 (-0.78)	-0.093*** (-3.63)	-0.030 (-0.79)
age_t			0.001 (0.50)		0.001 (0.62)	-0.004*** (-7.33)	0.001 (0.50)
$subsidy_{t-1}$			-0.272 (-1.11)		-0.259 (-1.05)	0.237 (0.76)	-0.274 (-1.12)

（续上表）

	（1）	（2）	（3）	（4）	（5）	（6）	（7）
	OLS	FE	FE	FE	FE	OLS	FE
常数项	1. 142 *** (14. 06)	2. 356 *** (4. 00)	1. 489 * (1. 67)	2. 732 *** (4. 88)	2. 240 *** (2. 65)	− 0. 950 *** （− 3. 26）	1. 481 * (1. 65)
Year	Yes	Yes	Yes	Yes	Yes	Yes	Yes
Province	Yes	Yes	Yes	Yes	Yes	Yes	Yes
Ind	Yes	Yes	Yes	Yes	Yes	Yes	Yes
N	23 686	23 686	23 658	24 973	24 944	23 653	23 653
R^2	0.047	0.052	0.056	0.050	0.054	0.187	0.056

6.3.2　稳健型检验

6.3.2.1　使用发明专利衡量创新

因为发明专利在一定程度上更能衡量创新质量（张震，2018），因此表 6.4 对发明专利进行回归分析，观察空间结构对创新质量的影响。可看到多中心指数依旧显著为正，同时生产性服务业也显著为正，说明多中心结构对企业发明专利有显著正向影响。城市功能分化指数回归结果依然不稳定。城市蔓延指数为正不显著，说明蔓延对发明专利抑制作用减弱。原因在于发明专利风险大，开发周期长，这类研发更多为创新型企业所承担，所在城市区位多为规模大城市，城市蔓延度相应较低，因此未对发明专利表现出明显的抑制作用。

表 6.4　多中心城市发明专利与空间结构回归分析

	（1）	（2）	（3）	（4）	（5）	（6）
	FE	OLS	FE	FE	FE	FE
M_center_{t-1}	0. 152 * (1. 80)	0. 295 *** (5. 71)	0. 146 * (1. 70)			0. 168 * (1. 89)

（续上表）

	(1)	(2)	(3)	(4)	(5)	(6)
	FE	OLS	FE	FE	FE	FE
$function_t$	−0.001 (−0.05)	0.021*** (2.74)	−0.000 (−0.02)			0.001 (0.10)
$service_{t-1}$	0.452** (1.98)	0.410*** (3.08)	0.507** (2.20)			0.507** (2.19)
$sprawl_{t-1}$				0.226 (0.63)	0.309 (0.83)	0.503 (1.27)
$density_{t-1}$				0.400 (0.45)	0.693 (0.77)	0.566 (0.61)
$market_{t-1}$		−0.033*** (−3.55)	0.010 (0.50)		0.012 (0.62)	0.011 (0.57)
$policy_{t-1}$		0.077 (0.74)	−0.166 (−0.92)		−0.233 (−1.34)	−0.198 (−1.07)
fdi_{t-1}		0.015 (0.26)	0.254** (2.20)		0.230** (2.11)	0.262** (2.27)
$science_{t-1}$		2.823*** (3.49)	0.438 (0.49)		0.232 (0.26)	0.318 (0.35)
$lnhouse_{t-1}$		0.098*** (3.26)	0.033 (0.51)		0.013 (0.21)	0.026 (0.41)
sea_t		−0.063*** (−3.49)	0.019 (0.16)		0.019 (0.18)	0.022 (0.18)
$size_{t-1}$		0.250*** (39.18)	0.065*** (3.32)		0.063*** (3.30)	0.064*** (3.28)
exp_{t-1}		−0.150*** (−7.56)	0.063 (1.38)		0.058 (1.32)	0.062 (1.37)
$state_t$		0.010 (0.39)	−0.030 (−0.85)		−0.027 (−0.74)	−0.030 (−0.84)
age_t		−0.003*** (−6.69)	0.000 (0.07)		0.000 (0.25)	0.000 (0.08)

（续上表）

	（1）	（2）	（3）	（4）	（5）	（6）
	FE	OLS	FE	FE	FE	FE
$subsidy_{t-1}$		1.415*** (2.97)	0.282 (1.05)		0.353 (1.24)	0.284 (1.06)
常数项	1.688*** (3.30)	−1.932*** (−7.34)	0.850 (1.07)	1.765*** (3.62)	1.044 (1.39)	0.807 (1.02)
Year	Yes	Yes	Yes	Yes	Yes	Yes
Province	Yes	Yes	Yes	Yes	Yes	Yes
Ind	Yes	Yes	Yes	Yes	Yes	Yes
N	23 764	23 736	23 736	25 183	25 154	23 731
R^2	0.086	0.219	0.087	0.084	0.085	0.087

6.3.2.2　工具变量回归

在本章的回归模型中，至少存在以下两个原因造成内生性问题，一是遗漏变量造成的内生性问题；二是空间结构与创新互为因果的内生性问题。城市经济学在揭露空间结构的演进规律中就已提到，造成城市蔓延以及多中心空间结构的一个重要原因就是通信技术的发展和交通运输工具的革新，使得就业人口和企业不再集聚于城市 CBD（O'Sullivan，2007）。因此，到底是多中心的空间结构促进了创新，还是创新改变了城市空间形态，犹如"先有鸡还是先有蛋"的问题，我们不得而知。为解决以上内生性问题，参考刘修岩等（2017b）、秦蒙等（2019）的做法，以地表粗糙程度乘以国际螺纹钢价格①（std）作为城市蔓延的工具变量，以城市河流密度乘以汇率的倒数（river）作为多中心指数的工具变量。使用 Arcgis 软件计算各辖区栅格的高程标准差即可获得地表的粗糙程度数据。河流密度数据根据国家地理信息系统提供的 1：4 000 万河流分布矢量图提取而得。选择这两个工具变量的原因在于，地表粗糙程度对土地开发速度有决定性的影响，地表越粗糙，开发程度越慢，从而蔓延程度越低。临近河流等水源是人口分布的一个重要影响因素（Bosker &

---

① 国际螺纹钢价格来源于西本新干线网站（http：//www.96369.net），作者整理获得，访问时间 2020 年 9 月 11 日。

Buringh，2017）。二者都属于地理环境外生变量，对创新等经济变量无直接影响。但是地表粗糙程度和城市河流密度都是相对静止的外生变量，没有时间上的变动趋势，因此需要给定一个时间上的宏观冲击变量。国际螺纹钢价格与土地的开发直接相关，螺纹钢价格越贵，建筑成本就越高，相应会削减楼层高度，增加土地开发，从而提高城市蔓延程度。汇率与多中心集聚也直接相关，首先，对外开放会提高城市经济集聚程度（Davis & Weistein，2002；刘修岩、刘茜，2015）；其次，汇率的变动会影响到出口企业的效益，进而又会影响到城市的就业分布，如汇率升高，则会稀释就业集中分布，削弱城市内部集中程度。为与多中心指数保持同方向变动，因此这里乘以汇率的倒数加以衡量。回归结果如表 6.5 所示。

表 6.5　工具变量回归分析

	（1）	（2）	（3）	（4）	（5）
	IV－1	IV－1	IV－2	IV－2	IV－2
	M_center	$sprawl$	lninno	lninno	lninno
$river$	2.552 *** (21.75)				
std		0.011 *** (26.02)			
M_center_{t-1}			1.407 *** (3.13)		0.573 * (1.89)
$sprawl_{t-1}$				－0.870 * （－1.71）	－1.080 *** （－3.01）
$market_{t-1}$	－0.013 *** （－9.97）	－0.013 *** （－25.51）	－0.023 ** （－2.10）	－0.046 *** （－3.59）	－0.046 *** （－3.96）
$policy_{t-1}$	－0.371 *** （－24.75）	－0.094 *** （－16.56）	0.509 ** （2.25）	－0.199 * （－1.77）	0.021 （0.13）
fdi_{t-1}	0.011 （1.28）	0.011 *** （2.80）	－0.047 （－0.70）	－0.059 （－0.92）	－0.035 （－0.54）
$science_{t-1}$	0.096 （1.09）	－0.536 *** （－13.61）	0.327 （0.40）	－0.337 （－0.38）	－0.308 （－0.36）

（续上表）

	（1）	（2）	（3）	（4）	（5）
	IV – 1	IV – 1	IV – 2	IV – 2	IV – 2
	M_center	*sprawl*	ln*inno*	ln*inno*	ln*inno*
ln*house*$_{t-1}$	0.129*** (50.04)	– 0.051*** (– 39.40)	– 0.036 (– 0.57)	0.096*** (2.90)	0.020 (0.39)
sea$_t$	0.024*** (10.03)	– 0.010*** (– 10.05)	– 0.065*** (– 3.37)	– 0.069*** (– 3.40)	– 0.079*** (– 3.94)
size$_{t-1}$	– 0.001 (– 1.33)	0.001*** (4.67)	0.311*** (51.01)	0.310*** (51.54)	0.311*** (51.11)
exp$_{t-1}$	0.000* (1.82)	– 0.000*** (– 2.58)	– 0.000 (– 1.07)	– 0.000 (– 1.06)	– 0.000 (– 1.08)
state$_t$	0.001 (0.51)	0.004*** (3.32)	– 0.085*** (– 3.41)	– 0.085*** (– 3.43)	– 0.081*** (– 3.26)
age$_t$	0.000** (2.38)	– 0.000 (– 1.46)	– 0.004*** (– 7.81)	– 0.004*** (– 7.47)	– 0.004*** (– 7.57)
subsidy$_{t-1}$	– 0.034* (– 1.84)	0.030*** (2.58)	0.297 (0.96)	0.294 (0.95)	0.305 (0.97)
常数项	– 0.307*** (– 11.62)	0.567*** (43.32)	– 0.905*** (– 3.35)	– 0.660* (– 1.81)	– 0.510 (– 1.53)
Year	Yes	Yes	Yes	Yes	Yes
Province	Yes	Yes	Yes	Yes	Yes
Ind	Yes	Yes	Yes	Yes	Yes
N	25 181	25 567	25 181	25 567	25 181
R^2			0.178	0.185	0.185

表 6.5 回归（1）和回归（2）分别为多中心指数和城市蔓延指数 IV 估计的第一阶段结果，回归系数均显著为正，说明河流密度（*river*）和地表粗糙程度（*std*）分别作为多中心指数和城市蔓延指数的工具变量是合适的。回归（3）和（4）分别为多中心指数和城市蔓延指数 IV 估计第二阶段回归结果，回归（5）为多中心指数和城市蔓延指数 IV 估计第二阶段共同回归结果。可

看出，与基准回归结果基本保持一致，支持了假说一和假说三。回归（5）中多中心指数显著性降低，可能与本书工具变量的选择有一定关系，河流密度是相对静止的外生变量，虽然乘以汇率倒数以增加变动趋势，但是相对来说变动趋势较小，因此导致显著性降低。刘修岩等（2017b）在验证多中心空间结构对收入差距影响时，也提到了与本书类似的情况。但总体上依然验证了本书的理论假说，不影响核心结论。

6.3.3 异质性检验

6.3.3.1 城市分组检验

由于大城市与中小城市在人口规模、经济规模、空间形态等方面均存在差异，本书分别对比了不同城市规模下企业在面对不同空间环境时的表现，回归结果如表6.6所示。为考察多中心集聚与企业创新的关系是否会受到城市规模的影响，本书在回归中还加入了多中心指数的二次项。首先对比大城市与中心城市多中心结构的回归结果。大城市多中心指数显著为正，且回归系数有非常明显的提高，说明大城市的多中心结构对企业创新影响深远，再次说明了良好的空间结构对创新环境的重要性。但是多中心指数的平方项却显著为负，这是值得关注的地方，说明多中心空间结构与企业创新存在倒U形的关系。而中小城市却得到截然相反的结果，多中心一次项回归系数并不显著，但二次项却显著为正，说明中小城市与企业创新似乎存在U形关系。这种情况也揭示了当前的现实状况，整体上，大城市多中心化程度较强，各类创新创业企业以及大企业研发活动都会得益于这种良好的空间形态，因此当前还处在倒U形结构的左端，享受"多中心空间结构效应"。而中小城市多中心化程度稍差，企业受益于经济外部性的表现也不如大城市明显，当前还处在U形关系的左端，还有非常明显的上升空间。陈旭等（2019）的研究也指出，中小城市多中心结构尚未成熟，自身规模效应有限，并且也难以受益于周围核心大城市的溢出效应和辐射效应。与本书结论的区别之处在于，陈旭等（2019）发现，当前中国各省份多中心空间结构与企业价值链整体上呈现U形关系，广东、江苏、福建等部分省份超过拐点处在U形关系的右端，另一部分省份处在U形关系的左端，上升空间还很大。因此可以说明的是，多中心结构与经济效益指标并不是简单的线性关系，大城市需要警惕多中心过度化带来的过度分散，中小城市需要注意优化城市空间体系，加强多中心空间结构的形成。

　　另外，通过对比大城市与中小城市蔓延变量回归系数，更能肯定基准回归中的分析结论。大城市蔓延指数和就业密度指数回归结果并不显著，说明大城市蔓延程度较低，并不会对企业创新有实质性的损害，或者更直接的说法是，大城市企业创新主要得益于多中心空间结构。中小城市的蔓延变量却出现了非常明显的变化，无论是蔓延指数还是就业密度均与企业创新呈现显著的负向关系，这是基准回归中不曾得到的结果。说明我国中小城市确实存在着强烈的城市蔓延现象，并且对企业创新造成了实质性的损害。

表 6.6　城市规模异质性分组回归结果

	大城市			中小城市		
	（1）	（2）	（3）	（4）	（5）	（6）
	FE	FE	FE	FE	FE	FE
M_center_{t-1}	9.144** (2.20)		10.341** (2.39)	−0.310 (−1.10)		−0.362 (−1.29)
$M\_center_{t-1}^2$	−6.442** (−2.37)		−7.330** (−2.57)	0.817** (2.28)		0.873** (2.45)
$function_t$	0.037 (0.13)		0.130 (0.45)	0.041 (0.77)		0.041 (0.77)
$service_{t-1}$	−0.204 (−0.29)		−0.279 (−0.40)	0.004 (0.02)		0.006 (0.03)
$sprawl_{t-1}$		−0.819 (−0.72)	−0.918 (−0.80)		−1.184** (−2.28)	−0.906* (−1.68)
$density_{t-1}$		0.162 (0.09)	−1.506 (−0.77)		−2.351* (−1.81)	−2.639** (−1.97)
$market_{t-1}$	−0.080** (−2.09)	−0.042 (−1.11)	−0.082** (−2.13)	0.039 (1.49)	0.035 (1.39)	0.038 (1.42)
$policy_{t-1}$	0.730 (1.15)	0.297 (0.47)	0.901 (1.37)	0.242* (1.83)	0.258** (1.98)	0.264** (2.02)
fdi_{t-1}	0.533* (1.88)	0.612** (2.30)	0.491* (1.73)	0.234** (2.25)	0.194* (1.92)	0.204* (1.96)
$science_{t-1}$	3.631** (2.15)	2.442 (1.42)	4.088** (2.33)	−2.152* (−1.84)	−1.759 (−1.46)	−1.558 (−1.28)

（续上表）

	大城市			中小城市		
	(1)	(2)	(3)	(4)	(5)	(6)
	FE	FE	FE	FE	FE	FE
$lnhouse_{t-1}$	-0.017 (-0.16)	0.169 (1.63)	0.005 (0.05)	-0.053 (-0.77)	-0.051 (-0.75)	-0.023 (-0.32)
sea_t	-0.295 (-0.65)	-0.776** (-1.97)	-0.307 (-0.67)	-0.004 (-0.02)	0.029 (0.19)	-0.010 (-0.05)
$size_{t-1}$	0.101*** (3.25)	0.100*** (3.25)	0.100*** (3.24)	0.109*** (3.72)	0.113*** (4.03)	0.109*** (3.71)
exp_{t-1}	-0.014 (-0.18)	-0.015 (-0.20)	-0.012 (-0.16)	-0.021 (-0.32)	0.009 (0.13)	-0.022 (-0.33)
$state_t$	-0.049 (-1.09)	-0.049 (-1.09)	-0.049 (-1.08)	-0.029 (-0.55)	-0.016 (-0.31)	-0.029 (-0.55)
age_t	-0.001 (-0.66)	-0.001 (-0.75)	-0.001 (-0.68)	0.002 (1.04)	0.002 (1.02)	0.002 (1.08)
$subsidy_{t-1}$	-0.570 (-1.38)	-0.529 (-1.27)	-0.581 (-1.41)	-0.228 (-0.73)	-0.208 (-0.66)	-0.225 (-0.72)
常数项	-0.396 (-0.19)	1.384 (1.07)	-0.907 (-0.42)	2.158*** (2.87)	1.662** (2.22)	1.869** (2.42)
Year	Yes	Yes	Yes	Yes	Yes	Yes
Province	Yes	Yes	Yes	Yes	Yes	Yes
Ind	Yes	Yes	Yes	Yes	Yes	Yes
N	11 149	11 149	11 149	15 173	16 571	15 166
R^2	0.070	0.067	0.070	0.053	0.048	0.053

6.3.3.2 行业分组检验

不同行业由于自身要素密度不同，受到空间结构的影响可能也存在差异，由此导致企业创新活动也存在差异。因此，本书依据第 5 章行业分类方法，将微观样本分为高技术行业和中低技术行业分别进行回归分析，回归结果如表 6.7 所示。

表 6.7　行业异质性分组回归结果

	高技术行业			中低技术行业		
	(1)	(2)	(3)	(4)	(5)	(6)
	FE	FE	FE	FE	FE	FE
M_center_{t-1}	0.322** (2.58)		0.301** (2.33)	0.225** (2.09)		0.184 (1.55)
$function_t$	0.017 (1.10)		0.016 (1.02)	-0.002 (-0.07)		-0.001 (-0.03)
$service_{t-1}$	0.067 (0.31)		0.071 (0.33)	0.051 (0.20)		0.041 (0.15)
$sprawl_{t-1}$		-0.888** (-2.02)	-0.481 (-1.03)		-0.949* (-1.86)	-0.688 (-1.19)
$density_{t-1}$		-1.389 (-1.07)	-0.478 (-0.36)		-0.287 (-0.21)	-0.451 (-0.32)
$market_{t-1}$	-0.040 (-1.42)	-0.042 (-1.49)	-0.041 (-1.44)	0.007 (0.24)	-0.003 (-0.10)	0.006 (0.21)
$policy_{t-1}$	-0.088 (-0.53)	-0.047 (-0.30)	-0.073 (-0.44)	0.435*** (2.85)	0.385*** (2.65)	0.467*** (3.07)
fdi_{t-1}	0.322*** (2.82)	0.284*** (2.60)	0.314*** (2.75)	0.094 (0.64)	0.117 (0.79)	0.083 (0.55)
$science_{t-1}$	-0.562 (-0.50)	-0.374 (-0.32)	-0.427 (-0.36)	-1.351 (-0.89)	-1.246 (-0.80)	-1.245 (-0.79)
$lnhouse_{t-1}$	-0.058 (-0.77)	-0.091 (-1.28)	-0.048 (-0.63)	-0.007 (-0.08)	0.004 (0.05)	0.013 (0.14)
sea_t	0.019 (0.13)	0.037 (0.27)	0.018 (0.12)	-0.038 (-0.29)	-0.065 (-0.55)	-0.053 (-0.40)
$size_{t-1}$	0.113*** (4.40)	0.111*** (4.37)	0.113*** (4.41)	0.073** (2.06)	0.076** (2.19)	0.072** (2.04)
exp_{t-1}	-0.027 (-0.43)	-0.036 (-0.57)	-0.029 (-0.45)	-0.028 (-0.35)	0.016 (0.20)	-0.027 (-0.34)

（续上表）

	高技术行业			中低技术行业		
	(1)	(2)	(3)	(4)	(5)	(6)
	FE	FE	FE	FE	FE	FE
$state_t$	-0.011 (-0.25)	-0.008 (-0.19)	-0.010 (-0.22)	-0.069 (-1.21)	-0.059 (-1.03)	-0.071 (-1.24)
age_t	-0.001 (-0.88)	-0.001 (-0.94)	-0.001 (-0.89)	0.002 (1.47)	0.003 (1.53)	0.002 (1.46)
$subsidy_{t-1}$	-0.329 (-1.28)	-0.297 (-1.15)	-0.328 (-1.28)	-0.852* (-1.77)	-0.901* (-1.87)	-0.867* (-1.80)
常数项	1.726** (2.27)	2.443*** (3.39)	1.732** (2.25)	1.651* (1.72)	1.703* (1.75)	1.629* (1.67)
Year	Yes	Yes	Yes	Yes	Yes	Yes
Province	Yes	Yes	Yes	Yes	Yes	Yes
Ind	Yes	Yes	Yes	Yes	Yes	Yes
N	15 762	16 601	15 759	10 891	11 451	10 887
R^2	0.077	0.073	0.077	0.039	0.037	0.039

　　首先两组回归显示多中心指数差异并不是很大，高技术行业组回归系数偏大并较为稳定，中低技术行业组回归系数偏小，在回归（6）中不显著。说明与中低技术行业相比，高技术行业企业更加受益于多中心的空间结构。城市蔓延指数表现也类似，说明无论处在哪类行业中，企业创新都会受到城市蔓延的阻碍作用，这也进一步验证了本章的假说一。整体上来说，空间结构对企业创新的影响不会随着行业要素密度的差异而表现出实质性的差别。这说明空间结构对于各类行业创新活动来说，是一个相对"平等"的影响因素。

6.3.3.3　企业分组检验

　　企业自身规模不同也会导致其创新产出受到空间结构的影响差异。一些大企业可能受益于自身规模经济效应，从而在创新中表现更好（吴延兵，2007；聂辉华等，2008）。因此，本书将微观样本分为大规模企业、中等规模企业和小规模企业分别进行回归分析，回归结果如表6.8所示。从多中心指数来看，不同企业规模创新受益程度差别并不是特别大，但表现出一些区别。大规模企业表现不如小规模企业显著，可能原因在于大企业规模效应发挥了重要作用，在回归中表现为大企业规模变量显著为正而中小企业规模并不显著。大规模企业作为集聚外部性的受益者，但同时更是优质劳动力的输出者、知识溢出的提供者，而小规模企业更多的是作为集聚外部性吸收者出现，因此，小规模企业创新受多中心空间结构影响更大。从城市蔓延指数来看，大规模企业创新依然受到城市蔓延的阻碍作用，中等规模企业蔓延指数为负不显著，但是就业密度指数显著为负，小规模企业蔓延指数为负也不显著，但是就业密度指数显著为正。这是与假设不太符合的地方，也与 Hamidi 和 Zandiatashbar（2019）的研究相左。原因可能在于小企业得益于自身的灵活性，不管是在多中心结构还是城市蔓延的空间形态中都能吸收有利因素，转化为创新动力。但也可能与样本分类有关，在样本企业中，小企业占比达到 55.36%，其中大城市的小企业占比达到 85.26%，因此，大部分小企业处于就业密度较大的地区，具有良好的市场可达性以及更多的交流合作机会，从而对创新有正向影响。总的来说，不同规模企业创新受多中心结构影响并无太大差别，城市蔓延整体上仍有负向趋势。

表 6.8　企业规模异质性分组回归结果

	大规模		中等规模		小规模	
	（1）	（2）	（3）	（4）	（5）	（6）
	FE	FE	FE	FE	FE	FE
M_center_{t-1}	0.283* (1.93)		0.258* (1.72)		0.301** (2.42)	
$function_t$	0.006 (0.22)		0.020 (0.80)		0.004 (0.19)	
$service_{t-1}$	-0.029 (-0.11)		-0.046 (-0.17)		0.024 (0.08)	
$sprawl_{t-1}$		-1.064* (-1.89)		-0.662 (-0.93)		-0.398 (-0.70)
$density_{t-1}$		1.308 (0.62)		-4.871*** (-3.01)		2.846** (2.20)

（续上表）

	大规模		中等规模		小规模	
	(1)	(2)	(3)	(4)	(5)	(6)
	FE	FE	FE	FE	FE	FE
$market_{t-1}$	-0.022 (-0.48)	-0.028 (-0.62)	0.014 (0.41)	0.003 (0.08)	-0.045 (-1.35)	-0.034 (-1.04)
$policy_{t-1}$	0.236 (1.37)	0.164 (1.01)	0.118 (0.54)	0.115 (0.57)	0.074 (0.32)	-0.042 (-0.20)
fdi_{t-1}	0.415** (2.44)	0.406** (2.49)	-0.058 (-0.31)	-0.049 (-0.26)	0.207 (1.52)	0.245* (1.81)
$science_{t-1}$	-0.719 (-0.40)	-1.137 (-0.60)	-2.608 (-1.41)	-1.232 (-0.66)	1.029 (0.71)	0.258 (0.18)
$lnhouse_{t-1}$	-0.091 (-0.82)	-0.091 (-0.85)	0.032 (0.29)	0.026 (0.25)	0.039 (0.41)	-0.011 (-0.13)
sea_t	0.120 (0.69)	0.121 (0.75)	-0.134 (-0.75)	-0.100 (-0.58)	-0.180 (-0.71)	-0.180 (-0.94)
$size_{t-1}$	0.153*** (2.60)	0.158*** (2.75)	0.039 (0.57)	0.039 (0.60)	0.025 (0.69)	0.028 (0.79)
exp_{t-1}	-0.024 (-0.19)	-0.048 (-0.40)	-0.097 (-0.98)	-0.086 (-0.85)	-0.038 (-0.45)	-0.003 (-0.04)
$state_t$	-0.001 (-0.02)	0.017 (0.33)	-0.091 (-1.20)	-0.099 (-1.36)	-0.025 (-0.36)	-0.018 (-0.26)
age_t	0.002 (1.31)	0.002 (1.33)	-0.002 (-1.08)	-0.002 (-1.04)	-0.002 (-0.63)	-0.001 (-0.30)
$subsidy_{t-1}$	-1.190 (-1.27)	-1.316 (-1.44)	-0.382 (-1.44)	-0.337 (-1.22)	-0.265 (-0.74)	-0.299 (-0.83)
常数项	1.545 (1.30)	2.160 (1.58)	3.142*** (2.59)	3.559*** (3.15)	2.183** (2.26)	2.847*** (3.10)
Year	Yes	Yes	Yes	Yes	Yes	Yes
Province	Yes	Yes	Yes	Yes	Yes	Yes
Ind	Yes	Yes	Yes	Yes	Yes	Yes
N	6 007	6 285	6 973	7 379	11 194	11 774
R^2	0.090	0.088	0.051	0.051	0.034	0.030

6.4　作用机制分析

6.4.1　城市蔓延：研发支出、产业结构升级的中介效应检验

本部分以企业研发支出（*R&D*）作为中介变量，以验证城市蔓延对研发支出的挤出效应。参考毛文峰和陆军（2020）的中介效应检验方法，本部分的实证逻辑是，先验证城市蔓延对研发支出的抑制作用，然后在基准计量模型中加入研发支出变量，如果此时城市蔓延变量显著性降低或者系数变小，则说明研发支出的加入使得城市蔓延对企业创新的抑制作用减弱，而逻辑相反的一面正是，城市蔓延对研发支出有挤出效应，进而抑制了企业创新。由于《中国工业企业数据库》只在 2005 年、2006 年、2007 年、2010 年四个年份中统计了研发支出数据，且缺失 2010 年的企业专利数据，故而，本部分只使用 2005—2007 年的数据。为更清楚地观察城市蔓延对研发支出的抑制作用，本书将 70 分位数以下的城市蔓延归为中低度蔓延，将 70 分位数以上的归为高度蔓延，分组回归结果如表 6.9 列（1）、（2）和（3）所示。其中列（1）为中低度蔓延城市回归结果，列（2）为高度蔓延城市回归结果，列（3）为全样本回归结果。由于回归（1）、（2）和（3）属于典型的"大 *N* 小 *T* 样本"，参考陶锋等（2018），选用带有 Driscoll – Kraay 标准误固定效应估计方法，可观察到不管蔓延程度高低都对研发支出产生显著的负向作用，并且在高度蔓延组，虽然系数值有所降低，但这种负向作用更加显著。列（4）和（5）①为在基准回归中加入研发支出的回归结果，可以看到研发支出依然显著为正，但是与基准回归相比，城市蔓延显著性降低，说明研发支出的加入削弱了城市蔓延，而城市蔓延之所以能抑制创新，也正说明，在一定程度上"挤出"了研发支出。

产业结构升级（*stru*）是第二个中介变量，本书以第三产业与第二产业的比值进行衡量。本书也尝试了将城市蔓延按照分位数分组估计，但是回归并不理想，因此这里使用城市全样本进行估计，回归结果如表6.9列（6）、（7）和（8）所示。从列（6）和（7）可看出城市蔓延显著抑制了产业结构升级。列（8）为在基准模型基础上加入产业结构升级的回归结果，可看到，产业结

---

① 由于2005 年、2006 年、2007 年三个年份中专利数据缺失，因此样本数目大幅缩减。

构升级系数显著为正，与基准回归结果相比，城市蔓延系数有所下降且呈显著性降低，隐含的含义则是产业结构升级可以削弱城市蔓延的程度，相反的思想则是，城市蔓延通过抑制产业升级进而阻碍了企业创新。

表6.9　研发支出、产业结构升级的中介效应检验

	R&D			lninno		stru		lninno
	中低度	高度	全样本	全样本	全样本	全样本	全样本	全样本
	(1)	(2)	(3)	(4)	(5)	(6)	(7)	(8)
sprawl	−1.743**	−0.521***	−0.832***			−1.451**	−1.133**	
	(−1.97)	(−5.47)	(−5.73)			(−2.36)	(−2.03)	
$sprawl_{t-1}$				−1.157	−1.385*			−0.598*
				(−1.57)	(−1.74)			(−1.68)
$R\&D_{t-1}$				0.002**	0.002**			
				(2.14)	(2.19)			
$stru_{t-1}$								0.041*
								(1.86)
常数项	−5.796***	−8.924***	−2.783***	0.890	4.581***	2.442***	0.393	−1.892***
	(−6.25)	(−6.66)	−13.13	(1.42)	(4.47)	(16.77)	(1.50)	(−6.99)
控制变量	Yes	Yes	Yes	Yes	Yes	No	Yes	Yes
Year	Yes	No	Yes	No	Yes	No	No	No
N	51 704	22 181	73 885	8 292	8 292	1 677	1 677	28 418
R^2				0.003	0.010	−0.178	0.046	0.044

参考温忠麟和叶宝娟（2014）的研究，本书对研发支出、产业结构升级中介效应传导机制的贡献进行了检验，sobel 检验的 P 值均小于0.05，拒绝原假设，说明存在中介效应，检验结果如表6.10所示。可看到，中低度、高度城市蔓延下研发支出的中介效应分别为 −0.027、−0.660，说明在高度蔓延的城市，研发支出的挤出效应更大。产业结构升级的影响效应为 −0.046，说明存在低端产业挤占高端产业现象，造成创新资源的挤占效应。进一步作贡献分解可看到，在城市蔓延对企业创新的抑制作用中，中低度城市蔓延下的

研发支出挤出效应负向贡献为 2.89%，高度城市蔓延下研发支出挤出效应负向贡献为 32.13%，产业结构升级抑制效应负向贡献为 13.86%。由此，假说二得到验证。

表 6.10　传导机制的贡献分解

中介效应	城市蔓延对中介变量的影响	中介变量对创新的影响	影响效应	影响效应占总效应的比值
研发支出（中低度蔓延）	-0.323	0.841	-0.027	2.89%
研发支出（高度蔓延）	-0.734	0.090	-0.660	32.13%
产业结构升级	-2.152	0.021	-0.046	13.86%

6.4.2　多中心空间结构与生产性服务业集聚的交互影响

在多中心样本回归结果中，生产性服务业集中度对企业创新的作用已经得到证明，但在基准回归与分组检验中并不显著，似乎对创新没有影响，事实确实如此吗？本书的一个猜测是未与多中心空间结构形成交互效应，这种猜测在表 6.11 中得到了证实。其中模型（1）、（2）、（3）和（4）是加入多中心指数与生产性服务业集中度得到的结果，模型（5）、（6）是加入多中心城市虚拟变量（space）与生产性服务业集中度交互的回归结果。从中可看出，生产性服务业与多中心的交互效应对创新确实存在显著正向影响。这与魏守华等（2016）对于多中心集聚与生产率的研究保持一致。在当今信息技术和通信技术日益更新的时代，过去制约生产性服务业与制造业互动的成本逐渐降低，二者互动频繁，促进了生产率的快速提高和技术的不断进步。正如在假说四提到的那样，地理上的集中，使得生产性服务业不仅能促进知识溢出效应，还使得默会知识拥有了良好的传播渠道。以研发、科技成果孵化为主的专业化服务平台犹如润滑剂，具有战略导向的或以金融服务为主的生产性服务业如同组装设计师，专业化的制造业如同指挥官，装载在一个包容性较强的"多中心"容器中，形成强大的创新源泉，促进了经济发展。

表6.11　多中心空间结构与生产性服务业的交互影响分析

	(1)	(2)	(3)	(4)	(5)	(6)
	FE	FE	FE	FE	FE	FE
M_center_{t-1}	0.236*** (3.07)	0.403*** (5.15)	0.259*** (3.31)	0.306*** (3.96)		
$space_t$					0.157** (2.56)	0.084 (1.42)
$service_{t-1}$	0.165 (0.86)	0.882*** (4.49)	0.214 (1.11)	0.408** (2.15)	1.009*** (5.10)	0.491** (2.55)
M_center_{t-1} · $service_{t-1}$	0.647 (1.60)	1.660*** (3.96)	0.736* (1.79)	0.899** (2.17)		
$space$ · $service_{t-1}$					1.456*** (3.43)	0.733* (1.68)
$market_{t-1}$			-0.009 (-0.45)	0.021 (1.08)		0.022 (1.13)
$policy_{t-1}$			0.203* (1.84)	0.235** (2.54)		0.170* (1.86)
fdi_{t-1}			0.256*** (2.95)	0.380*** (4.40)		0.396*** (4.59)
$science_{t-1}$			-0.504 (-0.56)	2.761*** (5.96)		2.927*** (6.35)
$lnhouse_{t-1}$			-0.051 (-0.94)	0.336*** (11.33)		0.337*** (11.37)
sea_t			-0.041 (-0.47)	-0.249*** (-2.74)		-0.287*** (-3.05)
$size_{t-1}$			0.102*** (4.98)	0.119*** (5.87)		0.119*** (5.85)
exp_{t-1}			0.005 (0.11)	0.014 (0.28)		0.015 (0.30)
$state_t$			-0.029 (-0.84)	-0.044 (-1.23)		-0.046 (-1.29)
age_t			0.000 (0.36)	0.000 (0.09)		0.000 (0.01)

（续上表）

	（1）	（2）	（3）	（4）	（5）	（6）
	FE	FE	FE	FE	FE	FE
$subsidy_{t-1}$			-0.324 (-1.38)	-0.322 (-1.37)		-0.324 (-1.39)
常数项	2.337*** (5.07)	1.350*** (21.65)	2.121*** (3.02)	-2.199*** (-7.98)	1.452*** (21.15)	-2.063*** (-7.52)
Year	Yes	No	Yes	No	No	No
Province	Yes	No	Yes	No	No	No
Ind	Yes	No	Yes	No	No	No
N	28 452	28 452	28 418	28 418	28 452	28 418
R^2	0.052	0.004	0.056	0.045	0.003	0.044

6.4.3　多中心空间结构对多样化外部性的促进作用

为证明假说四多中心空间结构通过促进产业多样化进而促进企业创新的作用机制，本部分的实证设计思路如下，先证明多中心结构对专业化集聚、多样化集聚的作用，如果确实仅存在对多样化集聚的促进作用，再证明多中心结构与多样化外部性的三种溢出渠道的交互效应。本部分所用到的多样化集聚指数以及上下游关联、知识溢出、劳动力池指标与第 5 章保持一致。由于回归中并不存在滞后效应，均使用当期数据，回归结果如表 6.12 所示。

表 6.12　多中心空间结构与集聚外部性的交互影响分析

	专业化集聚	多样化集聚	企业创新产出		
	（1）	（2）	（3）	（4）	（5）
			上下游关联	知识溢出	劳动力池
	FE	FE	FE	FE	FE
M_center_t	0.132 (0.66)	0.023*** (5.59)			

（续上表）

	专业化集聚	多样化集聚	企业创新产出		
	（1）	（2）	（3）	（4）	（5）
			上下游关联	知识溢出	劳动力池
	FE	FE	FE	FE	FE
M_center_{t-1}			0.331 *** (3.88)	0.333 *** (3.64)	0.290 *** (3.21)
$inputoutput$			0.060 * (1.87)		
多中心与上下游关联交互效应			0.114 *** (2.59)		
$tech\_spillover$				0.021 (0.49)	
多中心与知识溢出交互效应				0.122 * (1.96)	
$laborshare$					0.004 (0.09)
多中心与劳动力池交互效应					0.068 (1.06)
常数项	2.678 *** (2.24)	0.945 *** (12.18)	2.000 *** (2.84)	2.019 *** (2.86)	2.068 *** (2.93)
控制变量	Yes	Yes	Yes	Yes	Yes
$Year$	Yes	Yes	Yes	Yes	Yes
$Province$	No	No	Yes	Yes	Yes
Ind	No	No	Yes	Yes	Yes
N	15 187	15 187	28 244	28 418	28 418
R^2	0.004	0.223	0.053	0.056	0.056

其中列（1）和（2）为专业化集聚、多样化集聚与多中心指数的回归结果，可以看到，多中心结构对产业专业化集聚没有显著的正向作用，但对多

样化集聚存在显著的正向促进作用。原因在于多中心结构的城市交通设施、基础设施更为便利，更能吸收多元化的产业集聚。以生产性服务业、制造业集聚、大学城、科研机构等为基本单元组成的错落有致的空间设计环境对各行各业皆具有强大的吸引力，也更容易引发制造业多样化的集聚。

列（3）、（4）和（5）分别为上下游关联、知识溢出、劳动力池与多中心指数交乘之后再与企业创新进行回归的结果。与产业集聚下的区别在于，上下游关联交乘象、知识溢出交乘象均对企业创新有显著正向影响，交互项系数估计值有明显增长，说明在多中心结构下，多样化对溢出效应更加明显。由于劳动力市场的市场分割与制度分割问题，以及行业异质性带来的人才与创新匹配程度的问题，在多中心结构下，劳动力池效应也不显著，这与 5.4.2 节实证结果保持一致，且在 5.4.2 节有了很好的解释。由此，假说四得到验证。

6.5 本章小结

以往研究多从产业结构、集聚水平方向探索集聚对创新的影响，虽然创新经济地理学、新经济地理学的研究已经指向了创新的地理属性，但是关于空间结构与创新的关系仍不甚明朗。到底哪种空间结构模式更能为创新创业提供优质环境，从而促进企业创新？本书从城市经济学的角度出发，针对当前两种城市扩张趋势——城市蔓延和多中心结构与企业创新的关系进行了探讨。得到如下结论：

（1）无论是基准回归还是工具变量回归，都显示在多中心结构下，企业更能获取优质的创新环境，促进创新发展。城市蔓延的空间状态由于可达性差，经济密度低，不利于集聚外部性的发挥，从而对创新有抑制作用；在多中心城市结构下，生产性服务业集中对创新具有促进作用。受数据限制，城市功能分化指标为正不显著。

（2）从城市规模异质性来看，大城市多中心结构与企业创新呈倒 U 形关系，相应地，受城市蔓延抑制作用较小；小城市多中心结构与企业创新呈 U 形关系，城市蔓延是阻碍创新的重要因素。大城市需警惕分散过度，小城市需注意优化空间结构体系。从行业分组来看，不管是高技术行业还是中低技术行业，对于企业创新来说，空间结构是一个"平等"的影响因素，差异不大。从企业规模异质性来看，由于大企业自身规模效应的影响，小企业从多中心结构中受益要高于大企业，城市蔓延整体上仍有负向趋势。

（3）进一步作用机制分析发现，城市蔓延通过抑制研发支出和产业结构升级的"中介效应"阻碍了企业创新；生产性服务业与多中心结构的交互效应是促进企业创新的重要原因，多中心结构通过促进产业多样化集聚，进而再通过与上下游关联、知识溢出的交互影响促进企业创新。

第⟨7⟩章　研究结论与展望

7.1　研究结论

　　党的十九大提出，"创新是引领发展的第一动力，是建设现代化经济体系的战略支撑"，但中国城市之间创新差异显著，呈现出"中心—外围"的结构特征。本书以城市创新地理不平衡作为问题导向，以微观企业创新为基础，探索大城市创新优势来源于"集聚效应"还是"选择效应"，进一步对专业化集聚与多样化集聚以及集聚的空间形态城市蔓延与多中心集聚对企业创新的微观传导机制进行实证检验。本书的研究结论如下：

　　（1）大城市创新优势主要来源于"集聚效应"，但也不可忽视"选择效应"的作用。

　　本书基于 Combes et al.（2012a）的嵌套模型，解释了大城市留存高创新企业，淘汰低创新企业的过程。基于"无条件分布特征—参数对应"方法的改良方法 NLS 估计方法（基于格点搜索的非线性最小二乘法），识别出大城市创新优势的集聚效应和选择效应。研究得出，大城市创新优势主要来源于集聚效应，但是选择效应也无法忽略，尤其在垄断行业与高技术行业，选择效应和集聚效应表现都更为明显。从专利类型来看，由于发明专利更能代表城市的发明创造能力，表现出明显的"筛选器"作用。从创新价值链来看，产品创新集聚效应下降且并未表现出选择效应，可能与科技成果转化率低有关。另外集聚效应会随着企业规模的扩大呈现先上升后下降的倒 U 形特征，但是不会随着企业年龄变化而下降，而选择效应会随着企业规模扩大与年龄增长呈现先上升后下降的倒 U 形趋势。

　　（2）多样化集聚与专业化集聚共同促进企业科研创新和产品创新，产业内部投入共享效应、产业间上下游关联与知识溢出效应是促进企业科研创新和产品创新的重要作用机制。

紧跟第 4 章的实证结论，第 5 章从微观企业角度出发验证了究竟是哪种集聚模式促进了企业创新，以及其具体的作用渠道。研究发现，多样化集聚与专业化共同促进了企业科研创新和产品创新，但也形成了以多样化集聚为主导的局面。这种促进作用在东部沿海城市、规模大城市表现更为明显，通过门槛回归发现，科研创新和产品创新均存在门槛效应，这是中西部城市、小城市无法受益于集聚外部性的原因。行业异质性检验发现高技术行业产品创新阶段仅受益于多样化外部性。企业异质性检验发现非国企以及中小企业更为受益于集聚外部性，但非国企在产品创新阶段也只受益于多样化外部性，而大企业明显比中小企业更注重发明创造。为观察专业化集聚与多样化集聚的作用机制，本书分别构建了同一产业以及跨部门产业的劳动力池指标、上下游关联指标以及知识溢出指标，通过进一步回归发现，产业内的投入共享具有显著的溢出作用，但劳动力池效应和知识溢出机制未起到作用。多样化外部性作用机制检验发现上下游关联和产业间知识溢出才是促进企业创新的真正原因，而劳动力池效应成为阻碍企业创新的因素。

（3）城市蔓延通过挤出研发支出、抑制产业结构升级的"中介效应"阻碍了企业创新，多中心集聚通过与生产性服务业的交互效应以及促进产业多样化集聚促进了企业创新。

与现有文献研究集聚与创新的角度不同，本书将视角转向了集聚的空间形态。通过构建反映城市蔓延的蔓延指数和反映城市多中心结构的多中心指数，检验了哪种空间结构更能促进企业创新以及其具体的作用机制。研究发现，蔓延的空间形态抑制了企业创新，而多中心集聚更能促进企业创新，所得结论在全样本估计以及多中心城市样本估计、全部专利估计以及发明专利估计、固定效应模型估计以及 IV 估计中均成立。分组结果显示，在中小城市，城市蔓延抑制创新的表现更为明显，而大城市多中心指数促进创新的作用更明显；空间形态对高技术行业与中低技术行业的影响并没有表现出特别大的差异；与大企业相比，中等规模的企业以及小规模企业反而受多中心集聚促进作用更大。进一步作用机制研究发现，蔓延的空间形态下，存在对研发支出的挤出效应以及低端产业挤占高端产业抑制产业升级的效应，进而阻碍了企业创新。而多中心集聚通过制造业与生产性服务业的交互作用以及对多样化集聚的促进作用，进而促进了企业创新。

7.2　政策建议

7.2.1　集聚效应角度政策建议

（1）党的十九大报告强调要"加快建设创新型国家"，"实施区域协调发展战略"。通过本书的研究，我们发现集聚效应是大城市创新优势的主要来源，经济集聚主要通过劳动力池、上下游关联以及知识溢出三种渠道促进经济增长和技术进步。因此，增强劳动力的区域间流动性，积极吸引劳动力人才，形成劳动力市场集聚，加强上下游产业间的交流合作，促进知识溢出，是提高中小城市创新能力的关键之处。

（2）在专利爆炸式增长的背后，科技成果转化低的现象也长期存在，由此造成企业对集聚效应的吸收能力下降。因此，严把科研立项关，确保科技成果的成熟度，加强团队合作，用国内市场支撑创新驱动，以此促进科技成果转化，加强企业集聚效应受益程度，也是提高城市创新能力的重要途径。

（3）从行业扶持重点来看，对于具有垄断特征的产业，应继续发挥其自然比较优势。对于农副食品加工业、饮料制造业等已经表现出拥挤效应的行业，应通过政策均等化、公共服务均等化、加强基础设施建设等手段推动产业向中小城市转移，以分散大城市集聚压力，促进城市创新水平的进一步提高。在高技术水平产业和低技术水平产业之间，可以"因势利导"促进高技术水平产业的发展，通过开发区各项税收减免政策、信贷优惠政策、人才专项基金政策等倾斜性政策的扶持，促进高技术水平产业的进一步发展。

（4）从企业异质性来看，小规模企业、资历较老企业从集聚效应中受益更大，中小企业的健康成长是城市创新发展的重要组成部分，因此，各行业政策应进一步向这类企业倾斜，鼓励并扶持中小企业发展壮大，进一步释放经济集聚的外部性，进而促进城市创新水平的大幅提升。

7.2.2　产业结构角度政策建议

（1）城市创新既需要专业化分工也需要多元化的经济形态。城市产业政策规划应该进一步根据比较优势打造核心产业专业化，深化产业分工与职能分工，尤其对于发达城市而言，打造又精又专的产业体系是战略重点之一，这对于提升城市发明创造能力大有裨益。对于欠发达城市而言，明确主导产业方向，进一步提升产业专业化程度是发展关键，做好承接产业转移工作，逐步深化区域内产业分工体系，尤其要注意技术密集型产业的引进，促进产业在集聚中不断升级。当然在发展专业化的同时更应该注重吸纳不同产业，发展多元化经济。但应摒弃"全"和"大"的思想，片面追求"全"和"大"反而导致城市产业不够"精"，不利于企业创新。因此，城市部署多元化的战略思想应该是一方面要注重多个产业之间的联系，加强纵向一体化，强化上下游之间的关联；另一方面，在长期内要注重引入高附加值的产业，提升整个生态链条上的技术创新能力。再则，行业扶持重点应"顺势而为"，注重高技术行业的多元化集聚，引导中低技术行业成果转化。引入竞争机制，促进国企创新能力的提升，营造良好的发展环境，保护非国企的创新活动，进一步提升非国企对集聚效应的吸收利用程度。

（2）加强产业间协同创新，构建区域创新生态系统。上游产业的发展可为下游产业"借力"，下游产业的发展可带动整个生态链条进入良性循环。上下游产业之间的协作能力是确保创新成功的关键，协同合作也会促进企业内部的创新潜力。一是要注重跨部门之间的横向合作，加强协同创新能力，不同部门之间的知识分享与碰撞，有益于新知识的产生。二是要构建区域创新生态系统，整合上下游供应链与创新资源，注重研发机构、技术中介等生产性服务业参与创新，将科技型中小企业纳入系统，以使其获得更多的知识溢出渠道，并可以建立内部融资渠道，解决中小企业融资问题。三是要借助产学研合作平台和产业研发联盟等创新生态系统的具体形式，构建科技园区和高新技术区等创新集聚区，以助力新知识的产生，增强城市研发服务功能，增进知识在不同部门之间的转移和溢出能力。

（3）打破劳动力市场分割和体制分割现象，改善户籍制度，释放劳动力池效应。我国劳动力市场存在着二元分割制度，不同子市场间自下而上流动尤为困难，导致就业机会配置机制、工资决定机制和收入的不平等。因此，促进行业均衡发展，破除工资歧视、性别歧视，加快形成全市场用工制度，是促进劳动力资源跨部门流动的重要途径。深化国企所有制改革，完善劳动力市场化机制，建立差异化用工方案，是激活劳动力跨所有制流动的重要措施。另外，户籍是阻碍劳动力跨区域流动的重要制度条件，当前应切断户籍与岗位进入、部门进入的联系，消除户籍偏见，打破劳动力跨区进入障碍，形成一个公平竞争的市场经济，这对当前创新经济来说极其重要。

（4）城市是产业发展的载体，需打造优良的基础设施环境。城市产业创新不仅需要产业与产业之间的协作，产业与城市之间的良性互动也是产业融合发展与产城融合发展的必要前提。作为产业发展的载体，城市应该提供产业集聚与创新发展的关键要素，以深化体制改革为基础，积极打造要素自由流动、人才区际共享、交通设施完善、信息交流畅通的基础环境，为产业发展与创新提供有力支撑与依据。

7.2.3　空间结构角度政策建议

（1）在中国城镇化进程中，应避免低密度蔓延现象。城市蔓延在缓解单中心结构集聚不经济、土地成本上升、环境污染方面都具有重要作用。"蛙跳式"蔓延（多中心）则是有力证明，良好的空间形态在促进企业创新、提高生产率、提升企业全球价值链方面都具有单中心结构无法比拟的优势。但是也不得不警惕低密度蔓延的形态，不能把"产业城镇化""人口城镇化"变成"土地城镇化"。避免以土地财政为导向的空间无序发展状态，摒弃盲目建高楼、大搞项目开发的观念。响应"集约化"发展号召，提升土地利用效率，注重土地的混合利用，注意创新资源的引进和整合。尤其对于中西部中小城市来说，在城镇化进程中，更应该注意科学规划城市边界，做好承接东部产业转移的产业规划和空间存量规划。抓好"次中心"建设的突破口，依交通干线建城，或者依水建城、依"吸引力"建城，注重产业集群的形成，利用好集聚外部性对创新的促进功能。

（2）大城市应避免空间过度分散带来的负面影响。虽然生产性服务业对企业创新具有正向促进作用，但如果虚高，则会压缩制造业发展空间，带来过度"去工业化"问题，挤压城市创新资源，不利于产业间协同集聚与深度融合。因此，大城市在发展过程中，应注重产业升级和空间存量升级双管齐下。加强城市次中心工业用地效率、盘活与更新，强化工业园区、开发区产业集聚水平，深度融合产业链和创新链，发挥产业关联效应和知识溢出效应，提升企业创新水平。

（3）注重生产性服务业发展，强化城市功能分化，助力创新发展。对城市空间进行合理布局，加强制造业与生产性服务业的协同集聚，形成优势产业互补的"双轮驱动"效应。构建城市网络化功能体系，形成分工明确、功能互补的产业体系与空间体系。明确中心区域和次中心区域的战略功能，避免空间趋同和产业趋同的现象，减少重复化建设工作，形成功能多样化的城市体系，为企业创新发展注入"助推剂"。

7.3 进一步的研究展望

本书以城市创新地理作为研究问题的出发点，以新经济地理学、"新"新经济地理学、城市经济学作为主要切入理论，研究了不同类型的集聚与创新的关系，以及立体空间的集聚与创新的关系。当前对于创新的研究著述汗牛充栋，创新地理方向的研究文献也浩如烟海，本书作为其中的一粒沙土，只能起到抛砖引玉的作用，未来还有很多可以拓展的地方，仅提供以下几点：

（1）本书的研究已经识别出"选择效应"对城市创新地理的影响作用，但是主攻方向还是在"集聚效应"上，对"选择效应"并未作出更多证实。进一步可以在高技术行业的"选择效应"以及垄断行业的"选择效应"上深入探究，也可在创新价值链上展开研究，以便更全面地观察"选择效应"的作用。另外本书只识别了"选择效应"与"集聚效应"，但当前研究生产率的文献对"群分效应"也作了识别。"群分效应"包括劳动力的选址行为和企业的选择行为，含义为类型相同（或接近）的人或者企业聚集在一起，但是不同类型的人或者企业处于隔离状态（张国峰等，2017），忽略"群分效应"，也可能会造成"集聚效应"和"选择效应"的高估问题。"群分效应"的识别方法当前主要借鉴 Combes et al.（2012b）的"无条件分布特征—参数对应"方法，具有一定的复杂性和难度，因此未来基于创新方向可以在"群分效应"及识别方法上作进一步深入探究。

（2）本书构建了多样化集聚的三个溢出渠道，进行了进一步的机制检验。在产业间劳动力池指标的构建上，由于缺乏两位码细分行业的职业分类数据，本书仅使用了行业大类就业特征数据，对不同制造业行业的就业性别比例、周工作时间比例、教育背景比例等指标进行了构建。所用指标还较为粗糙，可以进一步纳入更多行业就业特征数据以及职业特征数据，将二者结合起来考察，如能获得一些求职网站上的劳动力跨行业流动数据，则更为准确。另外本书溢出作用机制检验显示，投入共享与上下游关联对企业创新均具有促进作用。因此基于微观传导机制，可以在产业关联、投入共享与企业创新方向作进一步的探讨。本书也检验出产业间劳动力流动成为阻碍企业创新的重要因素，因此可结合产业间劳动力流动特点、劳动力二元市场结构、劳动力跨所有制流动等方面文献，进一步检验为什么劳动力跨部门流动阻碍了企业创新。

（3）本书关于城市蔓延与多中心集聚的探讨，实际上与城市资源配置问题有很大关联。蔓延较为严重的地区也正是土地、产业布局、资金投入、开发区建设等资源错配严重的地区，例如土地资源的错配可能就会带来城市经济密度低下的问题（毛文峰、陆军，2020），产业布局的不合理也会带来城市蔓延的问题，从而影响经济效益。再如，开发区建设问题，一些文献认为开发区建设提高了集聚效应，促进了生产率的增长（王永进、张国峰，2016；李贲、吴利华，2018）；也有一些文献认为开发区建设使得企业在中心城区与外围地区转移，降低了整体空间集聚程度（孟美侠，2019），不利于生产率的提升。因此，可以结合平面集聚和立体空间集聚综合考量开发区设立带来的经济与不经济问题。另外关于多中心城市功能分化问题，受限于数据问题，本书并未得出肯定的答案。但是对于多中心城市，功能错配、协同发展是实现城市创新以及获得良好发展的政策依据。因此，未来进一步研究可构建更加合理的指标，以获得切实的理论支持。

（4）本书研究创新地理问题，主要侧重创新数量上的研究，对创新质量并未过多关注，但中国存在着专利泡沫问题，近期的研究也多围绕创新质量展开（陈强远等，2020；金培振等，2019）。因此，未来进一步的方向也可从集聚角度出发，观察集聚程度不同的地区，企业创新质量是否也会受到影响，集聚外部性对创新质量还能否起到重要作用，是否存在创新质量的空间格局。这些问题也同样值得关注。

参考文献

[1] ALONSO W. Location and land use: toward a general theory of land rent [M]. Cambridge: Harward University Press, 1964.

[2] ANAS A, ARNOTT R, SMALL K A. Urban spatial structure [J]. Journal of economic literature, 1998, 36 (3): 1426 – 1464.

[3] ASHEIM B T, ISAKSEN A. Regional innovation systems: the integration of local "sticky" and global "ubiquitous" knowledge [J]. The Journal of technology transfer, 2002, 27 (1): 77 – 86.

[4] AUDRETSCH D B, FELDMAN M P. R&D spillovers and the geography of innovation and production [J]. The American economic review, 1996, 86 (3): 630 – 640.

[5] BALDWIN R E, OKUBO T. Heterogeneous firms, agglomeration and economic geography: spatial selection and sorting [J]. Journal of economic geography, 2006, 6 (3): 323 – 346.

[6] BEAUDRY C, BRESCHI S. Are firms in clusters really more innovative? [J]. Economics of innovation and new technology, 2003, 12 (4): 325 – 342.

[7] BEHRENS K, DURANTON G, ROBERT-NICOUD F. Productive cities: sorting, selection, and agglomeration [J]. Journal of political economy, 2014, 122 (3): 507 – 553.

[8] BLOOM N, SCHANKERMAN M, VAN REENEN J. Identifying technology spillovers and product market rivalry [J]. Econometrica, 2013, 81 (4): 1347 – 1393.

[9] BRANDT L, VAN BIESEBROECK J, ZHANG Y. Creative accounting or creative destruction? Firm-level productivity growth in Chinese manufacturing [J]. Journal of development economics, 2012, 97 (2): 339 – 351.

[10] BRUECKNER J K. Urban sprawl: diagnosis and remedies [J]. International regional science review, 2000, 23 (2): 160 – 171.

[11] CAINELLI G, FRACASSO A, VITTUCCI MARZETTI G. Spatial agglomeration and productivity in Italy: a panel smooth transition regression approach [J]. Papers in regional science, 2015 (94): S39 – S67.

[12] CARLINO G A, CHATTERJEE S, HUNT R M. Urban density and the rate of invention [J]. Journal of urban economics, 2007, 61 (3): 389 – 419.

[13] CHEN T, KUNG J K S. Do land revenue windfalls create a political resource curse? Evidence from China [J]. Journal of development economics, 2016, (123): 86 – 106.

[14] CLARK W A V. Monocentric to polycentric: new urban forms and oldparadigms [J]. A companion to the city, 2000: 141 – 154.

[15] COMBES P P, DURANTON G, GOBILLON L, et al. Estimating agglomeration economies with history, geology, and worker effects [M] //Agglomeration economics. Chicago: University of Chicago Press, 2010.

[16] COMBES P P, DURANTON G, GOBILLON L, et al. Sorting and local wage and skill distributions in France [J]. Regional science and urban economics, 2012b, 42 (6): 913 – 930.

[17] COMBES P P, DURANTON G, GOBILLON L, et al. The productivity advantages of large cities: distinguishing agglomeration from firm selection [J]. Econometrica, 2012a, 80 (6): 2543 – 2594.

[18] COMBES P P. Economic structure and local growth: France, 1984 – 1993 [J]. Journal of urban economics, 2000, 47 (3): 329 – 355.

[19] CREDIT K. Transit-oriented economic development: the impact of light rail on new business starts in the Phoenix, AZ Region, USA [J]. Urban studies, 2018, 55 (13): 2838 – 2862.

[20] DE SILVA D G, MCCOMB R P. Geographic concentration and high tech firm survival [J]. Regional science and urban economics, 2012, 42 (4): 691 – 701.

[21] DURANTON G, PUGA D. Micro-foundations of urban agglomeration economies [M] // Handbook of regional and urban economics. Elsevier, 2004, 4: 2063 – 2117.

[22] ELLISON G, GLAESER E L, KERR W R, et al. What causes industry agglomeration? Evidence from coagglomeration patterns [J]. The American economic review, 2010, 100 (3): 1195 –1213.

[23] FALLAH B N, PARTRIDGE M D, OLFERT M R. Urban sprawl and productivity: evidence from US metropolitan areas [J]. Papers in regional science, 2011, 90 (3): 451 –472.

[24] FANG L. Agglomeration and innovation: selection or true effect? [J]. Environment and planning A: economy and space, 2020, 52 (2): 423 –448.

[25] FELDMAN M P, FLORIDA R. The geographic sources of innovation: technological infrastructure and product innovation in the United States [J]. Annals of the association of American Geographers, 1994, 84 (2): 210 –229.

[26] FISCHER M M, SCHERNGELL T, JANSENBERGER E. The geography of knowledge spillovers between high-technology firms in Europe: evidence from a spatial interaction modeling perspective [J]. Geographical analysis, 2006, 38 (3): 288 –309.

[27] FISCHER T, HENKEL J. Capturing value from innovation—diverging views of R&D and marketing managers [J]. IEEE transactions on engineering management, 2012, 59 (4): 572 –584.

[28] FLORIDA R. The rise of the creative class and how it's transforming work, leisure, community and everyday life (Paperback Ed.)[M]. New York: Basic Books, 2004.

[29] FLYNN B B, KOUFTEROS X, LU G, et al. On theory in supply chain uncertainty and its implications for supply chain integration [J]. Journal of supply chain management, 2016, 52 (3): 3 –27.

[30] FUJITA M, THISSE J F, ZENOU Y. On the endogenous formation of secondary employment centers in a city [J]. Journal of urban economics, 1997, 41 (3): 337 –357.

[31] GIULIANI E. The selective nature of knowledge networks in clusters: evidence from the wine industry [J]. Journal of economic geography, 2007, 7 (2): 139 –168.

[32] GLAESER E L, KAHN M E. Sprawl and urban growth [M] //Handbook of regional and urban economics. Elsevier, 2004, 4: 2481 –2527.

[33] GLAESER E L, KALLAL H, SCHEINKMAN J A, et al. Growth in cities [J]. Journal of political economy, 1992, 100 (6): 1126 – 1152.

[34] GLAESER E L, KERR W R. Local industrial conditions and entrepreneurship: how much of the spatial distribution can we explain? [J]. Journal of economics and management strategy, 2009, 18 (3): 623 – 663.

[35] HAMIDI S, ZANDIATASHBAR A. Does urban form matter for innovation productivity? A national multi-level study of the association between neighbourhood innovation capacity and urban sprawl [J]. Urban studies, 2019, 56 (8): 1576 – 1594.

[36] HANSEN B E. Threshold effects in non-dynamic panels: estimation, testing, and inference [J]. Journal of econometrics, 1999, 93 (2): 345 – 368.

[37] HE Z, TONG T Y, HE W. Construction of a database linking SIPO patents to firms in China's annual survey of industrial enterprises 1998 – 2009 [N]. Working paper, 2016 – 12 – 14.

[38] HERVAS-OLIVER J L, SEMPERE-RIPOLL F, ROJAS ALVARADO R, et al. Agglomerations and firm performance: who benefits and how much? [J]. Regional studies, 2018, 52 (3): 1 – 12.

[39] HOLMES T J. Localization of industry and vertical disintegration [J]. Review of economics and statistics, 1999, 81 (2): 314 – 325.

[40] HOWELLS J, BESSANT J. Introduction: innovation and economic geography: a review and analysis [J]. Journal of economic geography, 2012, 12 (5): 929 – 942.

[41] JAFFE A B, TRAJTENBERG M, HENDERSON R. Geographic localization of knowledge spillovers as evidenced by patent citations [J]. The quarterly journal of economics, 1993, 108 (3): 577 – 598.

[42] JAFFE A B. Technological opportunity and spillovers of R&D: evidence from firms' patents, profits and market value [R]. National bureau of economic research, 1986.

[43] KATZ B, WAGNER J. The rise of innovation districts: a new geography of innovation in America [M]. Washington, DC: Metropolitan Policy Program at Brookings, 2014.

[44] KOLKO J, NEUMARK D. Do some enterprise zones create jobs [J]. Journal

of policy analysis and management, 2010, 29 (1): 5 – 38.

[45] LEE B, GORDON P. Urban spatial structure and economic growth in US met-
ropolitan areas [C] //46th annual meetings of the western regional science
association, Newport Beach, CA. 2007.

[46] LEE B, GORDON P. Urban structure: its role in urban growth, net new bus-
iness formation and industrial churn [J]. Région et dévelopment, 2011
(33): 137 – 159.

[47] LEYDEN K M. Social capital and the built environment: the importance of
walkable neighborhoods [J]. American journal of public health, 2003, 93
(9): 1546 – 1551.

[48] LI W, SUN B, ZHANG T. Spatial structure and labour productivity: evi-
dence from prefectures in China [J]. Urban studies, 2019, 56 (8): 1516 –
1532.

[49] LI Y. Towards concentration and decentralization: the evolution of urban spa-
tial structure of Chinese cities, 2001 – 2016 [J]. Computers, environment
and urban systems, 2020 (80): 101425.

[50] LU J, TAO Z. Trends and determinants of China's industrial agglomeration
[J]. Journal of urban economics, 2009, 65 (2): 167 – 180.

[51] MEIJERS E J, BURGER M J, HOOGERBRUGGE M M. Borrowing size in
networks of cities: city size, network connectivity and metropolitan functions
in Europe [J]. Papers in regional science, 2016, 95 (1): 181 – 198.

[52] MEIJERS E J, BURGER M J. Spatial structure and productivity in US metro-
politan areas[J]. Environment and planning A, 2010, 42(6): 1383 – 1402.

[53] MELITZ M J, OTTAVIANO G I P. Market size, trade, and productivity
[J]. The review of economic studies, 2008, 75 (1): 295 – 316.

[54] MORISSON A. Innovation districts: a toolkit for urban leaders [M]. Scotts
Valley: CreateSpace Independent Publishing Platform, 2015.

[55] OKUBO T, TOMIURA E. Industrial relocation policy, productivity and heter-
ogeneous plants: evidence from Japan [J]. Regional science and urban eco-
nomics, 2012, 42 (1 – 2): 230 – 239.

[56] O'SULLIVAN A. Urban economics [M]. Boston, MA: McGraw-Hill/
Irwin, 2007.

[57] OTTAVIANO G I P. "New" new economic geography: firm heterogeneity and agglomeration economies [J]. Journal of economic geography, 2011, 11 (2): 231 – 240.

[58] OTTAVIANO G, TABUCHI T, THISSE J F. Agglomeration and trade revisited [J]. International economic review, 2002, 43 (2): 409 – 435.

[59] PUGA D. The magnitude and causes of agglomeration economies [J]. Journal of regional science, 2010, 50 (1): 203 – 219.

[60] ROMER P M. Endogenous technological change [J]. Journal of political economy, 1990, 98 (5): 71 – 102.

[61] ROSENTHAL S S, STRANGE W C. The determinants of agglomeration [J]. Journal of urban economics, 2001, 50 (2): 191 – 229.

[62] SILVER D. Local politics in the creative city: the case of Toronto [M] // The politics of urban cultural policy. New York: Routledge, 2012.

[63] STORPER M, VENABLES A J. Buzz: face-to-face contact and the urban economy [J]. Journal of economic geography, 2004, 4 (4): 351 – 370.

[64] STORPER M. Keys to the city: how economics, institutions, social interaction, and politics shape development [M]. Princeton: Princeton University Press, 2013.

[65] VAN OORT F, BURGER M, RASPE O. On the economic foundation of the urban network paradigm: spatial integration, functional integration and economic complementarities within the Dutch Randstad [J]. Urban studies, 2010, 47 (4): 725 – 748.

[66] VENABLES A J. Productivity in cities: self-selection and sorting [J]. Journal of economic geography, 2011, 11 (2): 241 – 251.

[67] VENERI P, BURGALASSI D. Questioning polycentric development and its effects: issues of definition and measurement for the Italian NUTS-2 regions [J]. European planning studies, 2012, 20 (6): 1017 – 1037.

[68] VON HIPPEL E. "Sticky information" and the locus of problem solving: implications for innovation [J]. Management science, 1994, 40 (4): 429 – 439.

[69] WALLSTEN S J. An empirical test of geographic knowledge spillovers using geographic information systems and firm-level data [J]. Regional science and

urban economics, 2001, 31 (5): 571 – 599.

[70] YUAN F, GAO J, WANG L, et al. Co-location of manufacturing and producer services in Nanjing, China [J]. Cities, 2017 (63): 81 – 91.

[71] ZHANG C. Agglomeration of knowledge intensive business services and urban productivity [J]. Papers in regional science, 2016, 95 (4): 801 – 818.

[72] ZHANG H. How does agglomeration promote the product innovation of Chinese firms? [J]. China economic review, 2015 (35): 105 – 120.

[73] ZHENG W. A social capital perspective of innovation from individuals to nations: where is empirical literature directing us? [J]. International journal of management reviews, 2010, 12 (2): 151 – 183.

[74] 白俊红, 蒋伏心. 协同创新、空间关联与区域创新绩效 [J]. 经济研究, 2015 (7): 174 – 187.

[75] 陈建军, 崔春梅, 陈菁菁. 集聚经济、空间连续性与企业区位选择——基于中国265个设区城市数据的实证研究 [J]. 管理世界, 2011 (6): 63 – 75.

[76] 陈强远, 钱学锋, 李敬子. 中国大城市的企业生产率溢价之谜 [J]. 经济研究, 2016, 51 (3): 110 – 122.

[77] 陈强远, 林思彤, 张醒. 中国技术创新激励政策: 激励了数量还是质量 [J]. 中国工业经济, 2020 (4): 79 – 96.

[78] 陈旭, 邱斌, 刘修岩, 等. 多中心结构与全球价值链地位攀升: 来自中国企业的证据 [J]. 世界经济, 2019, 42 (8): 72 – 96.

[79] 陈羽洁, 赵红岩, 张建磊, 等. 专业化、多样化集聚对两阶段创新效率的影响——基于创意产业面板数据分析 [J]. 软科学, 2020, 34 (7): 75 – 81.

[80] 陈长石, 姜廷廷, 刘晨晖. 产业集聚方向对城市技术创新影响的实证研究 [J]. 科学学研究, 2019, 37 (1): 77 – 85.

[81] 程中华, 刘军. 产业集聚、空间溢出与制造业创新——基于中国城市数据的空间计量分析 [J]. 山西财经大学学报, 2015, 37 (4): 34 – 44.

[82] 代明, 张杭, 饶小琦. 从单中心到多中心: 后工业时代城市内部空间结构的发展演变 [J]. 经济地理, 2014, 34 (6): 80 – 86.

[83] 董晓芳, 袁燕. 企业创新、生命周期与聚集经济 [J]. 经济学 (季刊), 2014, 13 (2): 767 – 792.

[84] 董晓媛, Louis Putterman. 中国国有工业企业劳动力冗员问题研究 [J].
经济学（季刊）, 2002（1）: 397 – 418.

[85] 杜威剑, 李梦洁. 产业集聚会促进企业产品创新吗? ——基于中国工业
企业数据库的实证研究 [J]. 产业经济研究, 2015（4）: 1 – 9.

[86] 范剑勇, 李方文. 中国制造业空间集聚的影响: 一个综述 [J]. 南方经
济, 2011（6）: 53 – 66.

[87] 范剑勇, 邵挺. 房价水平、差异化产品区位分布与城市体系 [J]. 经济
研究, 2011（2）: 87 – 99.

[88] 傅十和, 洪俊杰. 企业规模、城市规模与集聚经济——对中国制造业企
业普查数据的实证分析 [J]. 经济研究, 2008, 43（11）: 112 – 125.

[89] 高洋, 宋宇, 高翔. 生产性服务业技术关联下的制造业发展新动能
[J]. 财经科学, 2020（5）: 92 – 105.

[90] 郭洁, 黄宁, 沈体雁. 就业密度和创新——基于中国地级市的空间计量
研究 [J]. 经济与管理研究, 2015, 36（11）: 40 – 46.

[91] 浩飞龙, 施响, 白雪, 等. 多样性视角下的城市复合功能特征及成因探
测——以长春市为例 [J]. 地理研究, 2019, 38（2）: 247 – 258.

[92] 何欢浪, 蔡琦晟, 黄语嫣. 外资自由化、上下游产业关联和中国制造业
企业创新行为 [J]. 世界经济研究, 2020（5）: 73 – 84.

[93] 胡彬, 万道侠. 集聚环境"升级"抑或"降级": 对企业"创新惰性"
的新解释 [J]. 财经研究, 2019, 45（5）: 16 – 29.

[94] 黄小勇, 龙小宁. 在集聚中走向创新——专利生产中的集聚经济效应研
究 [J]. 产业经济研究, 2020（1）: 84 – 98.

[95] 纪祥裕, 顾乃华. 生产性服务业与制造业协同集聚具有创新驱动效应吗
[J]. 山西财经大学学报, 2020, 42（7）: 57 – 70.

[96] 金培振, 殷德生, 金桩. 城市异质性、制度供给与创新质量 [J]. 世界
经济, 2019, 42（11）: 99 – 123.

[97] 寇宗来. 中国城市和产业创新力报告 2017.

[98] 赖永剑. 集聚、空间动态外部性与企业创新绩效——基于中国制造业企
业面板数据 [J]. 产业经济研究, 2012（2）: 9 – 17.

[99] 黎文靖, 郑曼妮. 实质性创新还是策略性创新? ——宏观产业政策对微
观企业创新的影响 [J]. 经济研究, 2016, 51（4）: 60 – 73.

[100] 李梅, 柳士昌. 对外直接投资逆向技术溢出的地区差异和门槛效

应——基于中国省际面板数据的门槛回归分析 [J].管理世界, 2012 (1): 21-32.

[101] 李琬.中国市域空间结构的绩效分析: 单中心和多中心的视角 [D]. 上海: 华东师范大学, 2018.

[102] 李晓萍, 李平, 吕大国.经济集聚、选择效应与企业生产率 [J].管理世界, 2015 (4): 25-37.

[103] 梁琦, 李晓萍, 简泽.异质性企业的空间选择与地区生产率差距研究 [J].统计研究, 2013, 30 (6): 51-57.

[104] 刘海洋, 刘玉海, 袁鹏.集群地区生产率优势的来源识别: 集聚效应 抑或选择效应? [J].经济学 (季刊), 2015, 14 (3): 1073-1092.

[105] 刘胜, 顾乃华, 李文秀, 等.城市群空间功能分工与制造业企业成 长——兼议城市群高质量发展的政策红利 [J].产业经济研究, 2019 (3): 52-62.

[106] 刘修岩, 李松林, 陈子扬.多中心空间发展模式与地区收入差距 [J]. 中国工业经济, 2017b (10): 25-43.

[107] 刘修岩, 李松林, 秦蒙.城市空间结构与地区经济效率——兼论中国 城镇化发展道路的模式选择 [J].管理世界, 2017a (1): 51-64.

[108] 刘修岩, 秦蒙, 李松林.城市空间结构与劳动者工资收入 [J].世界经 济, 2019, 42 (4): 123-148.

[109] 吕拉昌, 廖倩, 黄茹.基于期刊论文的中国地级以上城市知识专业化 研究 [J].地理科学, 2018, 38 (8): 1245-1255.

[110] 马草原, 程茂勇, 侯晓辉.城市劳动力跨部门流动的制约因素与机制 分析——理论解释与经验证据 [J].经济研究, 2020, 55 (1): 99, 114.

[111] 马静, 邓宏兵, 张红.空间知识溢出视角下中国城市创新产出空间格 局 [J].经济地理, 2018, 38 (9): 96-104.

[112] 毛文峰, 陆军.土地要素错配如何影响中国的城市创新创业质量—— 来自地级市城市层面的经验证据 [J].产业经济研究, 2020 (3): 17-29, 126.

[113] 孟美侠, 曹希广, 张学良.开发区政策影响中国产业空间集聚吗—— 基于跨越行政边界的集聚视角 [J].中国工业经济, 2019 (11): 79-97.

[114] 潘文卿, 李子奈, 刘强. 中国产业间的技术溢出效应: 基于 35 个工业部门的经验研究 [J]. 经济研究, 2011, 46 (7): 18 - 29.

[115] 彭向, 蒋传海. 产业集聚、知识溢出与地区创新——基于中国工业行业的实证检验 [J]. 经济学, 2011, 10 (2): 913 - 934.

[116] 秦蒙, 刘修岩, 李松林. 城市蔓延如何影响地区经济增长? ——基于夜间灯光数据的研究 [J]. 经济学 (季刊), 2019 (2): 527 - 550.

[117] 秦蒙, 刘修岩. 城市蔓延是否带来了我国城市生产效率的损失? ——基于夜间灯光数据的实证研究 [J]. 财经研究, 2015, 41 (7): 28 - 40.

[118] 秦蒙. 中国城市蔓延的成因机理和经济绩效研究 [D]. 南京: 东南大学, 2018.

[119] 孙斌栋, 丁嵩. 多中心空间结构经济绩效的研究进展及启示 [J]. 地理科学, 2017, 37 (1): 64 - 71.

[120] 孙瑜康, 孙铁山, 席强敏. 北京市创新集聚的影响因素及其空间溢出效应 [J]. 地理研究, 2017, 36 (12): 2419 - 2431.

[121] 陶锋, 张会勤, 李红. 外部知识溢出、研发双重效应与企业创新绩效 [J]. 财经问题研究, 2018 (5): 44 - 51.

[122] 王家庭, 张俊韬. 我国城市蔓延测度: 基于 35 个大中城市面板数据的实证研究 [J]. 经济学家, 2010, 10 (10): 56 - 63.

[123] 王永进, 张国峰. 开发区生产率优势的来源: 集聚效应还是选择效应? [J]. 经济研究, 2016, 51 (7): 58 - 71.

[124] 魏守华, 陈扬科, 陆思桦. 城市蔓延、多中心集聚与生产率 [J]. 中国工业经济, 2016 (8): 58 - 75.

[125] 温忠麟, 叶宝娟. 中介效应分析: 方法和模型发展 [J]. 心理科学进展, 2014, 22 (5): 731 - 745.

[126] 邬滋. 集聚结构、知识溢出与区域创新绩效——基于空间计量的分析 [J]. 山西财经大学学报, 2010, 32 (3): 15 - 22.

[127] 谢露露. 产业集聚和创新激励提升了区域创新效率吗——来自长三角城市群的经验研究 [J]. 经济学家, 2019 (8): 102 - 112.

[128] 许福志, 徐蔼婷. 中国创新两阶段效率及影响因素——基于社会资本理论视角. 经济学家, 2019 (4): 71 - 79.

[129] 杨本建, 黄海珊. 城区人口密度、厚劳动力市场与开发区企业生产率

[J].中国工业经济, 2018 (8): 78 – 96.

[130] 杨勇. 产业关联、市场竞争与地区新生企业产能累积 [J].中国工业经济, 2017 (9): 63 – 80.

[131] 姚常成, 吴康. 多中心空间结构促进了城市群协调发展吗? ——基于形态与知识多中心视角的再审视 [J].经济地理, 2020 (3): 63 – 74.

[132] 余泳泽, 刘大勇. 我国区域创新效率的空间外溢效应与价值链外溢效应——创新价值链视角下的多维空间面板模型研究 [J].管理世界, 2013 (7): 6 – 20.

[133] 余泳泽, 张少辉. 城市房价、限购政策与技术创新 [J].中国工业经济, 2017 (6): 98 – 116.

[134] 余壮雄, 杨扬. 大城市的生产率优势: 集聚与选择 [J].世界经济, 2014 (10): 31 – 51.

[135] 约瑟夫·熊彼特. 资本主义、社会主义与民主 [M].吴良健, 译. 北京: 商务印书馆, 1999.

[136] 约瑟夫·熊彼特. 经济发展理论 [M].何畏, 等译. 北京: 商务印书馆, 1990.

[137] 张萃. 什么使城市更有利于创业? [J].经济研究, 2018, 53 (4): 151 – 166.

[138] 张国峰, 李强, 王永进. 大城市生产率优势: 集聚、选择还是群分效应 [J].世界经济, 2017 (8): 167 – 192.

[139] 张国峰, 王永进. 中国城市间工资差距的集聚效应与选择效应——基于 "无条件分布特征—参数对应" 方法的研究 [J].中国工业经济, 2018 (12): 60 – 78.

[140] 张杰, 郑文平, 翟福昕. 竞争如何影响创新: 中国情景的新检验 [J].中国工业经济, 2014 (11): 56 – 68.

[141] 张杰, 郑文平. 创新追赶战略抑制了中国专利质量么? [J].经济研究, 2018, 53 (5): 28 – 41.

[142] 张千帆, 王程珧, 张亚军. 异业合作与口碑传播: 客户体验及产品创新度的影响——以 "互联网 +" 背景下的企业合作为例 [J].管理评论, 2018, 30 (9): 132 – 142.

[143] 张婷麟. 多中心城市空间结构的经济绩效研究 [D].上海: 华东师范大学, 2019.

[144] 赵娜，王博，刘燕.城市群、集聚效应与"投资潮涌"——基于中国20个城市群的实证研究 [J].中国工业经济，2017 (11)：81 – 99.

[145] 赵勇，白永秀.中国城市群功能分工测度与分析 [J].中国工业经济，2012 (11)：18 – 30.

[146] 赵增耀，章小波，沈能.区域协同创新效率的多维溢出效应 [J].中国工业经济，2015 (1)：32 – 44.

[147] 朱平芳，项歌德，王永水.中国工业行业间 R&D 溢出效应研究 [J].经济研究，2016，51 (11)：44 – 55.

附　录

附录 1 ▍ 创新不同分位点处集聚效应与选择效应的定量计算

首先测算集聚效应和选择效应对大城市和小城市创新差距的总贡献。假设 $\lambda_j(u)$ 为小城市 u 分位点处的创新水平，由此可以拟合得到大城市的创新水平 $\widehat{\lambda}_i(u)$，具体拟合公式如下：

$$\widehat{\lambda}_i\,(u)\ = D\,\lambda_j(S+(1-S)\,u)+A \tag{A1.1}$$

则大城市相对小城市的创新增长百分比可以由以下公式计算：

$$innov\,(u)\ = \mathrm{e}^{\widehat{\lambda}_i(u)-\lambda_j(u)}-1 \tag{A1.2}$$

代入表 4.3 中 S、D、A 的估计值，即可测算集聚效应和选择效应对大城市创新优势的绝对贡献值，记为 $innov_{total}$。

然后我们再分别估算集聚效应和选择效应对大城市创新的相对贡献。首先，当不考虑集聚效应和集聚效应异质性对创新的影响时，即假定 $A=0$，$D=1$，此时，在 u 分位点处大城市创新水平的拟合值为：

$$\widehat{\lambda}_i^{-AD}=\lambda_j(S+(1-S)\,u) \tag{A1.3}$$

将式（A1.3）的拟合值及表 4.3 中 S、D 的估计值代入式（A1.2），即可得到大城市相对于小城市的创新增长百分比 $innov_{total}^{-AD}$。则集聚效应对大城市创新优势的贡献即为：$A_{innov}=innov_{total}-innov_{total}^{-AD}$。

同理，当不考虑选择效应对创新的影响时，假定 $S=0$。此时，大城市创新水平的拟合值为：

$$\widehat{\lambda_i}^{-S} = D\lambda_j\ (u)\ +A \qquad\qquad (A1.4)$$

根据式（A1.2）和式（A1.4），以及 D、A 的估计值，即可得到大城市相对于小城市的创新增长百分比 $innov_{total}^{-S}$。据此，可以计算选择效应对大城市创新优势的贡献为：$S_{innov} = innov_{total} - innov_{total}^{-S}$。

附录 2　门槛效应似然比函数图

1. 科研创新似然比函数图

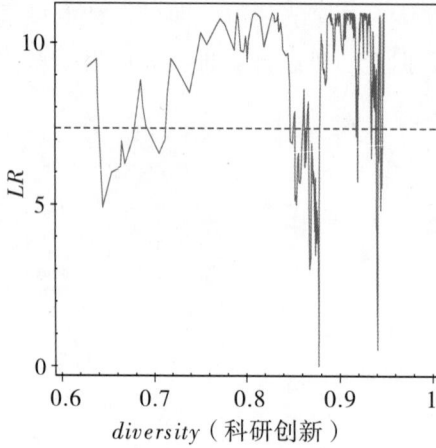

图 A2.1（a）　多样化第三门槛值

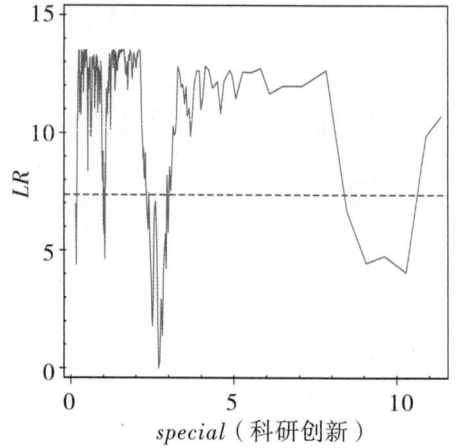

图 A2.1（b）　专业化第三门槛值

2. 产品创新似然比函数图

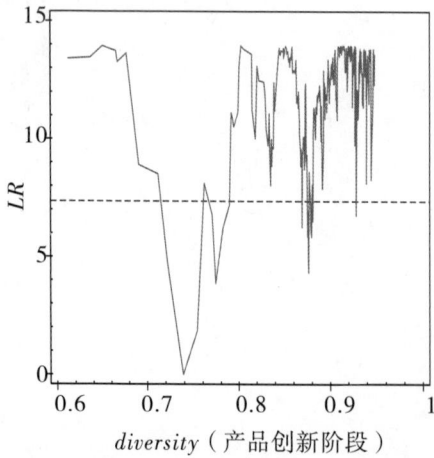

图 A2.2（a）　多样化第一门槛值

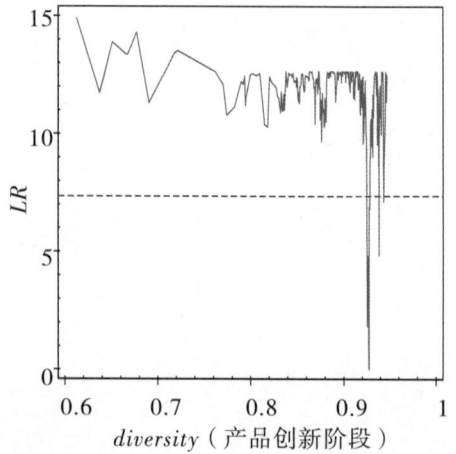

图 A2.2（b）　多样化第二门槛值

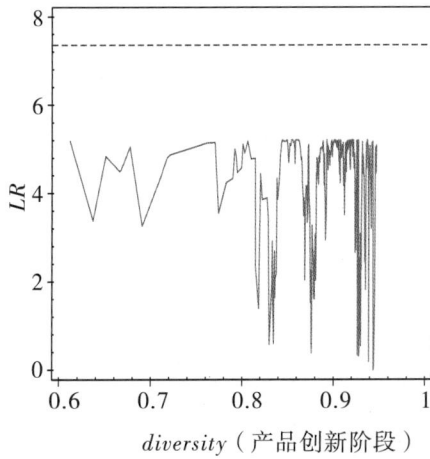

图 A2.2（c）　多样化第三门槛值

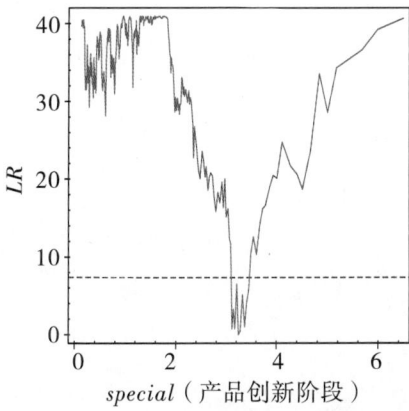

图 A2.3（a）　专业化第一门槛值

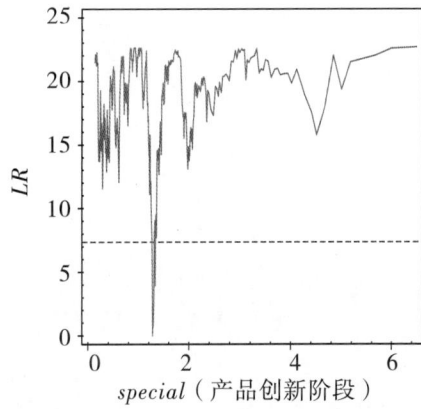

图 A2.3（b）　专业化第二门槛值

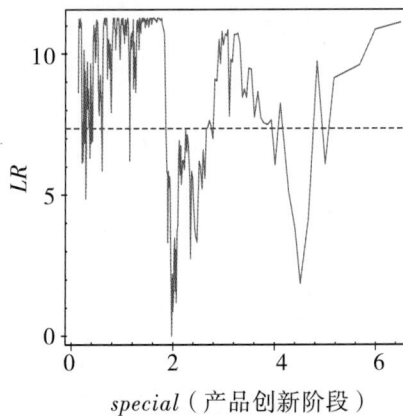

图 A2.3（c）　专业化第三门槛值